KB159825

어휘력을 키워주세요.

글을 읽어도 무엇을 말하는지 맥락이 파악되지 않나요?
공부를 할 때 낱말을 이해하지 못해서 어려움을 겪고 있나요?
자신감 있게 감정이나 생각을 표현하지 못하나요?
대화할 때 적당한 낱말이 생각나지 않나요?
말 귀를 못 알아듣나요?
말이나 글의 이면의 의미를 생각하는 힘이 없나요?
30분 이상 독서하기를 힘들어하나요?

우리 아이들이 이 7가지 질문들 중 3가지 이상 해당한다면 지금 바로 아이들의 어휘력을 점검해보세요. 그리고 아이들에게 어휘력을 키울 수 있는 자리를 마련해주세요. '어휘력이 곧 우리 아이다'라고 할 수 있습니다. 공부뿐 아니라 우리 아이들이 살아갈 세상은 갖춰진 어휘력만큼 성장합니다. '책 읽기, 말하기, 글쓰기, 공부하기, 의사소통하기' 이 모든 것에는 어휘력이 바탕이 됩니다. 우리 아이들을 위해서 다시 어휘력에 주목해야 하는 이유이기도 합니다.

우리 아이들이 어휘력을 키워 가기 위해서는 긴 시간과 노력이 필요합니다. 단기간에, 몰입해서 암기하듯 공부한다고 어휘력은 키워지지 않습니다. 왜냐하면 어휘력은 '언어'이기 때문입니다. 일 년에 책을 10권 읽는다면, 그 책들을 읽어내야 하는 시간이 필요합니다. 의지만으로는 책을 읽을 수 없습니다. 의지를 가지고 책 읽는 행동을 해야합니다. 그래서 독서가 단번에 되지 않고, 꾸준한 독서실력을 키워가기가 어려운 이유입니다.

우리 아이들의 어휘력을 키우는데 가장 기본이 되는 것이 사자성어와 속담과 관용구입니다. 사자성어는 우리말의 의미함축 어휘모음입니다. 속담은 오랜기간 선조들의 삶의 지혜를 담은 어휘문장입니다. 속담은 짧은 단어와 단어의 모음으로 우리 말 속의 깊은 의미의 표현입니다.

광장교육 김광복

이 책의 5가지 활용법

1 '사자성어' 함축된 어휘의 기본기 다지기

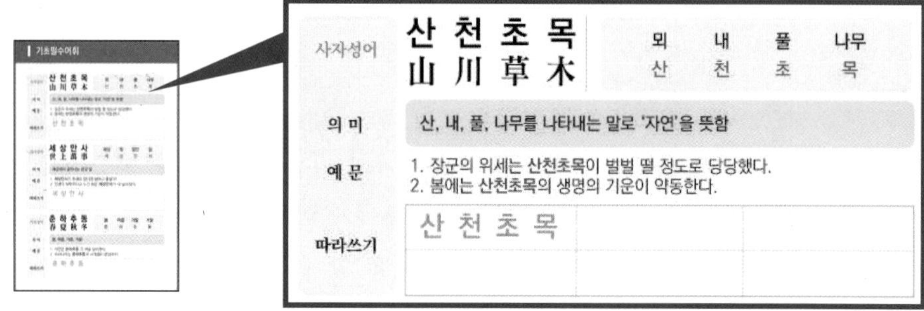

사자성어	산 천 초 목 山 川 草 木	뫼 산 / 내 천 / 풀 초 / 나무 목
의 미	산, 내, 풀, 나무를 나타내는 말로 '자연'을 뜻함	
예 문	1. 장군의 위세는 산천초목이 벌벌 떨 정도로 당당했다. 2. 봄에는 산천초목의 생명의 기운이 약동한다.	
따라쓰기	산 천 초 목	

1. 사자성어의 의미를 한자의 뜻으로 확인!
2. 사자성어가 다양한 상황에서 어떻게 쓰이는지 예문으로 확인!
3. 5번의 쓰기로 사자성어를 내 어휘로!

2 '속담' 옛 어른들의 지혜로 말의 속 의미 이해하기

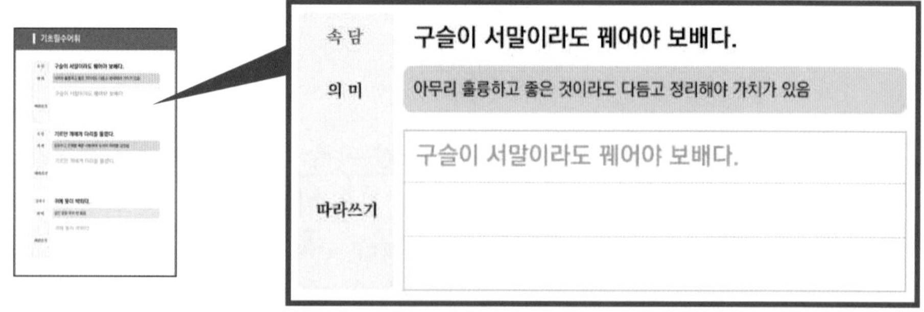

속 담	구슬이 서말이라도 꿰어야 보배다.
의 미	아무리 훌륭하고 좋은 것이라도 다듬고 정리해야 가치가 있음
따라쓰기	구슬이 서말이라도 꿰어야 보배다.

1. 속담은 옛 어른들의 지혜!
2. 2번의 쓰기로 속담의 의미를 파악!

3 '관용구' 어휘의 조합으로 말의 특별한 의미 알기

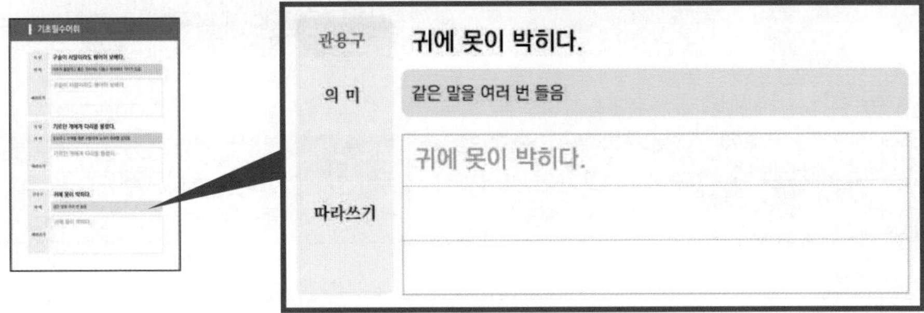

1. 단어들이 문장으로 결합 될 때의 다채로운 표현!
2. 2번의 쓰기로 관용구의 특별한 의미를 파악!

4 '어휘왕' 으로 그날의 어휘 다잡기

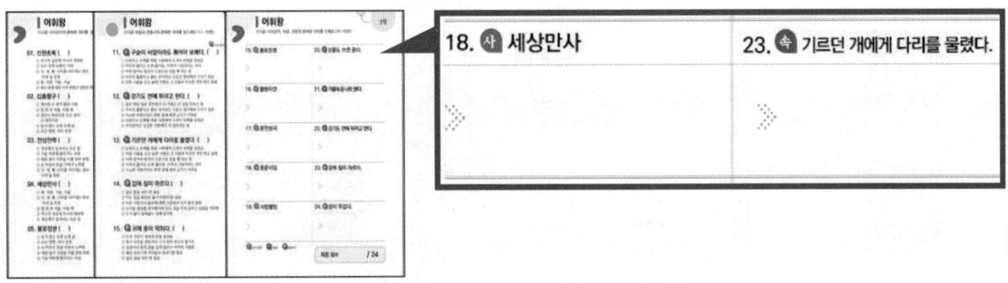

1. 객관식으로 '사자성어, 속담, 관용구'의 뜻을 찾아내기
2. 주관식으로 '사자성어, 속담, 관용구'의 의미 쓰기

5 '어휘활용문' 으로 어휘 활용하기

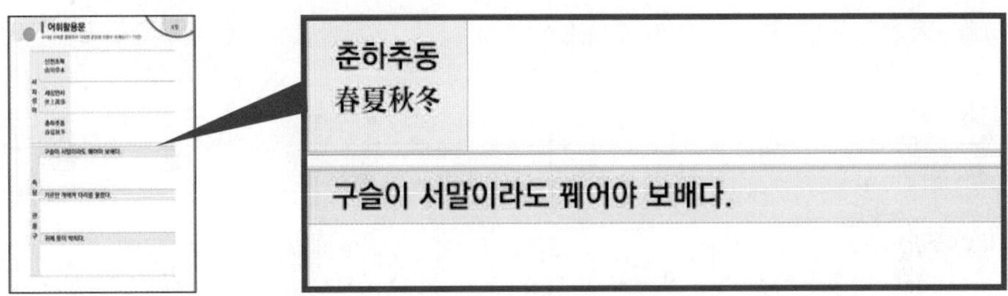

'사자성어,속담,관용구'로 실생활 어휘문을 써보기

학습진도표

20일 어휘 자기주도 학습 진도표					
1일	___월 ___일	☐	11일	___월 ___일	☐
2일	___월 ___일	☐	12일	___월 ___일	☐
3일	___월 ___일	☐	13일	___월 ___일	☐
4일	___월 ___일	☐	14일	___월 ___일	☐
5일	___월 ___일	☐	15일	___월 ___일	☐
6일	___월 ___일	☐	16일	___월 ___일	☐
7일	___월 ___일	☐	17일	___월 ___일	☐
8일	___월 ___일	☐	18일	___월 ___일	☐
9일	___월 ___일	☐	19일	___월 ___일	☐
10일	___월 ___일	☐	20일	___월 ___일	☐

10일 광장 어휘
(1-10일)

사자성어 30개
속담 20개
관용구 10개

사자성어

삼 삼 오 오
三 三 五 五

석	석	다섯	다섯
삼	삼	오	오

의 미

세 명, 다섯 명씩 여럿이 모여 있음

예 문

1. 사람들이 맛집 주변으로 **삼삼오오** 모여들었다.
2. 여기저기 **삼삼오오** 모여 숙덕거리고 있다.

따라쓰기

삼 삼 오 오

사자성어

십 중 팔 구
十 中 八 九

열	가운데	여덟	아홉
십	중	팔	구

의 미

열 번 중 여덟, 아홉 번

예 문

1. 그 수다쟁이 이야기는 **십중팔구** 뜬소문이다.
2. 우리 학교의 학생들은 **십중팔구** 아침을 안먹는다.

따라쓰기

십 중 팔 구

사자성어

팔 방 미 인
八 方 美 人

여덟	모	아름다울	사람
팔	방	미	인

의 미

어느 모로 보나 흠이 없이 아름다운 사람
모든 일에 능통한 사람

예 문

1. 그는 공부나 운동이나 모든 면에 뛰어난 **팔방미인**이다.
2. 노력하지 않는 **팔방미인**은 없다.

따라쓰기

팔 방 미 인

속 담

가는 말에 채찍질한다.

의 미

부지런하고 성실한 사람에게 더 잘하라는 말

따라쓰기

가는 말에 채찍질한다.

속 담

가뭄에 콩 나듯 한다.

의 미

어떤 일이나 물건이 드문드문 있을 때 하는 말

따라쓰기

가뭄에 콩 나듯 한다.

관용구

코가 납작해지다.

의 미

몹시 무안을 당하거나 기가 죽어 위신이 떨어짐

따라쓰기

코가 납작해지다.

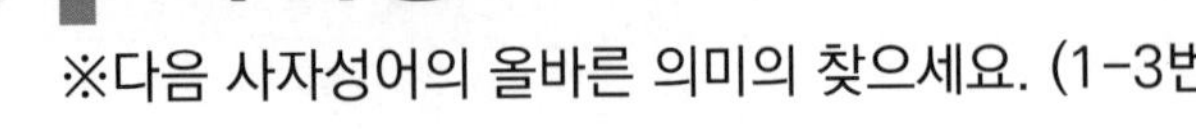

어휘왕

※다음 사자성어의 올바른 의미의 찾으세요. (1-3번)

01. 삼삼오오 (   )

① 세 명, 다섯 명씩 여럿이 모여 있음
② 열 번 중 여덟, 아홉 번
③ 온 마음과 뜻을 다해서 노력함
④ 스스로 묻고, 스스로 대답함
⑤ 모든 방면, 여러 방면

02. 팔방미인 (   )

① 묻는 말에 아주 딴판인 엉뚱한 대답
② 늙지 않고 오래 오래 삶
③ 모든 일에 능통한 사람
④ 모든 방면, 여러 방면
⑤ 대문 앞이 시장을 이룰 만큼 붐빔

03. 십중팔구 (   )

① 온 마음과 뜻을 다해서 노력함
② 하나의 질문에 하나씩 대답함
③ 대문 앞이 시장을 이룰 만큼 붐빔
④ 열 번 중 여덟 아홉 번
⑤ 늙지 않고 오래 오래 삶

어휘왕

※다음 속담과 관용구의 올바른 의미를 찾으세요. (4-6번)

사 사자성어 속 속담 관 관용구

04. 속 가는 말에 채찍질한다. (   )

① 어떤 일이나 물건이 드문드문 있을 때 하는 말
② 도와주고 은혜를 베푼 사람에게 도리어 피해를 입음
③ 부지런하고 성실한 사람에게 더 잘하라는 말
④ 쉽고 작은 일은 못하면서 더 어렵고 큰 일을 하려고 함
⑤ 도둑질이 가장 나쁨. 즉, 법은 도둑 때문에 생김

05. 속 가뭄에 콩 나듯 한다. (   )

① 사소한 버릇이라도 한번 몸에 배면 고치기 어려움
② 어떤 일이나 물건이 드문드문 있을 때 하는 말
③ 아무리 훌륭하고 좋은 것이라도 다듬고 정리해야 가치가 있음
④ 도와주고 은혜를 베푼 사람에게 도리어 피해를 입음
⑤ 하려던 일이 실패하여 어찌할 도리가 없이 그저 쳐다만 보며 민망해함

06. 관 코가 납작해지다. (   )

① 다른 사람이나 물건에 대해 거듭해서 아주 좋게 말함
② 몹시 무안을 당하거나 기가 죽어 위신이 떨어짐
③ 아는 일을 함부로 옮기지(말하지) 않음
④ 같은 말을 여러 번 들음
⑤ 아무도 안 듣는 데에서도 말은 조심해야 함

어휘왕

※다음 사자성어, 속담, 관용의 올바른 의미를 쓰세요. (7-12번)

07. 사 삼삼오오

08. 사 십중팔구

09. 사 팔방미인

10. 속 가는 말에 채찍질 한다.

11. 속 가뭄에 콩 나듯 한다.

12. 관 코가 납작해지다.

사 사자성어  속 속담  관 관용구

최종 점수 / 12

어휘활용문

※다음 어휘를 활용하여 다양한 문장을 만들어 보세요.

구분	어휘	
사자성어	삼삼오오 三三五五	
사자성어	십중팔구 十中八九	
사자성어	팔방미인 八方美人	

속담 · 관용구

가는 말에 채찍질한다.

가뭄에 콩 나듯 한다.

코가 납작해지다.

사자성어

자 문 자 답
自 問 自 答

스스로	물을	스스로	대답
자	문	자	답

의 미

스스로 묻고, 스스로 대답함

예 문

1. 하준이는 인생이란 무엇인가에 대해 **자문자답**을 계속했다.
2. 달빛이는 자신을 변명하기라도 하듯 **자문자답**의 말을 했다.

따라쓰기

자 문 자 답		

사자성어

전 심 전 력
全 心 全 力

온전할	마음	온전할	힘
전	심	전	력

의 미

온 마음과 뜻을 다해서 노력함

예 문

1. 호진이는 이번 시험에 합격하기 위해서 **전심전력**했다.
2. 여러분, 우리 마을이 더 좋아지기 위해 **전심전력**하겠습니다.

따라쓰기

전 심 전 력		

사자성어

동 문 서 답
東 問 西 答

동녘	물을	서녘	대답
동	문	서	답

의 미

묻는 말에 대해서 아주 딴판인 엉뚱한 대답

예 문

1. 선생님은 아이들의 **동문서답**에 결국 짜증을 내셨다.
2. **동문서답**도 유분수지, 도대체 지금 무슨 말을 하는거야?

따라쓰기

동 문 서 답		

속 담	세살 적 버릇이 여든까지 간다.
의 미	사소한 버릇이라도 한번 몸에 배면 고치기 어려움
따라쓰기	세살 적 버릇이 여든까지 간다.

속 담	자라보고 놀란 가슴 솥뚜껑 보고 놀란다.
의 미	어떤 사물을 보고 놀란 사람은 그 사물과 비슷한 것만 봐도 놀람
따라쓰기	자라보고 놀란 가슴 솥뚜껑 보고 놀란다.

관용구	입에 침이 마르다.
의 미	다른 사람이나 물건에 대해 거듭해서 아주 좋게 말함
따라쓰기	입에 침이 마르다.

어휘왕

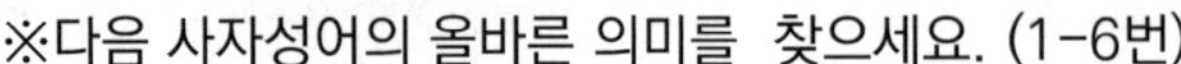

※다음 사자성어의 올바른 의미를 찾으세요. (1-6번)

01. 삼삼오오 ( )

① 열 번 중 여덟, 아홉 번
② 스스로 묻고, 스스로 대답함
③ 모든 일에 능통한 사람
④ 묻는 말에 대해서 아주 딴판인 엉뚱한대답
⑤ 세 명, 다섯 명씩 여럿이 모여 있음

02. 자문자답 ( )

① 모든 일에 능통한 사람
② 스스로 묻고, 스스로 대답함
③ 온 마음과 뜻을 다해서 노력함
④ 세 명, 다섯 명씩 여럿이 모여 있음
⑤ 묻는 말에 대해서 아주 딴판인 엉뚱한대답

03. 십중팔구 ( )

① 스스로 묻고, 스스로 대답함
② 묻는 말에 대해서 아주 딴판인 엉뚱한대답
③ 모든 일에 능통한 사람
④ 세 명, 다섯 명씩 여럿이 모여 있음
⑤ 열 번 중 여덟, 아홉 번

04. 전심전력 ( )

① 대문 앞이 시장을 이룰 만큼 붐빔
② 온 마음과 뜻을 다해서 노력함
③ 모든 일에 능통한 사람
④ 묻는 말에 대해서 아주 딴판인 엉뚱한대답
⑤ 스스로 묻고, 스스로 대답함

05. 팔방미인 ( )

① 늙지 않고 오래 오래 삶
② 모든 일에 능통한 사람
③ 대문 앞이 시장을 이룰 만큼 붐빔
④ 온 마음과 뜻을 다해서 노력함
⑤ 모든 방면, 여러 방면

06. 동문서답 ( )

① 늙지 않고 오래 오래 삶
② 모든 일에 능통한 사람
③ 산과 바다에서 나오는 귀한 재료로 만든 음식
④ 묻는 말에 대해서 아주 딴판인 엉뚱한 대답
⑤ 세상에서 일어나는 온갖 일

어휘왕

※다음 속담과 관용구의 올바른 의미를 찾으세요 (7-11번)

07. 속 세상 적 버릇 여든까지 간다. (　　)

① 아무리 많아도 쓰면 줄어듬. 아껴서 사용하라는 의미
② 사소한 버릇이라도 한번 몸에 배면 고치기 어려움
③ 도둑질이 가장 나쁨
④ 어떤 사물을 보고 놀란 사람은 그 사물과 비슷한 것만 봐도 놀람
⑤ 하려던 일이 실패하여 어찌할 도리가 없이 그저 쳐다만 보며 민망해함

08. 속 가는 말에 채찍질한다. (　　)

① 어떤 일이나 물건이 드문드문 있을 때 하는 말
② 도와주고 은혜를 베푼 사람에게 도리어 피해를 입음
③ 부지런하고 성실한 사람에게 더 잘하라는 말
④ 쉽고 작은 일은 못하면서 더 어렵고 큰 일을 하려고 함
⑤ 도둑질이 가장 나쁨. 즉, 법은 도둑 때문에 생겼음

09. 속 자라보고 놀란 가슴 솥뚜껑 보고 놀란다. (　　)

① 어떤 일이나 물건이 드문드문 있을 때 하는 말
② 도와주고 은혜를 베푼 사람에게 도리어 피해를 입음
③ 부지런하고 성실한 사람에게 더 잘하라는 말
④ 남의 결점을 드러내기는 자기 허물을 말하기보다 쉬움
⑤ 어떤 사물을 보고 놀란 사람은 그 사물과 비슷한 것만 봐도 놀람

10. 속 가뭄에 콩 나듯 한다. (　　)

① 사소한 버릇이라도 한번 몸에 배면 고치기 어려움
② 어떤 일이나 물건이 드문드문 있을 때 하는 말
③ 아무리 훌륭하고 좋은 것이라도 다듬고 정리해야 가치가 있음
④ 도와주고 은혜를 베푼 사람에게 도리어 피해를 입음
⑤ 쉽고 작은 일은 못하면서 더 어렵고 큰 일을 하려고 함

11. 관 입에 침이 마르다. (　　)

① 아직 어른이 되려면 한참 멀었음
② 다른 사람이나 물건에 대해 거듭해서 아주 좋게 말함
③ 같은 말을 여러 번 들음
④ 몹시 무안을 당하거나 기가 죽어 위신이 떨어짐
⑤ 아무리 훌륭하고 좋은 것이라도 다듬고 정리해야 가치가 있음

어휘왕

※다음 사자성어, 속담, 관용의 올바른 의미를 쓰세요 (12-21번)

12. 사 자문자답

13. 사 삼삼오오

14. 사 전심전력

15. 사 십중팔구

16. 사 동문서답

17. 속 세 살적 버릇 여든까지 간다.

18. 속 가는 말에 채찍질 한다.

19. 속 자라보고 놀란 가슴 솥뚜껑 보고 놀란다.

20. 관 입에 침이 마르다.

21. 관 코가 납작해지다.

사 사자성어 속 속담 관 관용구

최종 점수 / 21

어휘활용문

※다음 어휘를 활용하여 다양한 문장을 만들어 보세요.

사자성어	자문자답 自問自答	
	전심전력 全心全力	
	동문서답 東問西答	

속담·관용구	세살 적 버릇이 여든까지 간다.
	자라보고 놀란 가슴 솥뚜껑 보고 놀란다.
	입에 침이 마르다.

사자성어

불 로 장 생
不 老 長 生

아닐	늙을	길	날
불(부)	로	장	생

의 미

늙지 않고 오래 오래 삶

예 문

1. 그 마을 사람들의 **불로장생**의 비법은 건전한 식습관에 있다.
2. 동서양을 막론하고 사람들은 누구나 **불로장생**의 삶을 꿈꾼다.

따라쓰기

불 로 장 생		

사자성어

문 전 성 시
門 前 成 市

문	앞	이룰	시내
문	전	성	시

의 미

대문 앞이 시장을 이룰 만큼 붐빔

예 문

1. 토요일 오후면 복권집 앞이 **문전성시**를 이룬다.
2. 우리 아빠 초밥집은 연일 **문전성시**를 이루고 있다.

따라쓰기

문 전 성 시		

사자성어

사 방 팔 방
四 方 八 方

넉	모	여덟	모
사	방	팔	방

의 미

모든 방면, 여러 방면

예 문

1. 연예인이 사인회를 한다고 해서 **사방팔방**에서 사람들이 온다.
2. 영수는 잃어버린 강아지를 찾고자 **사방팔방** 수소문했다.

따라쓰기

사 방 팔 방		

속담 **강물도 쓰면 준다.**

의미 아무리 많아도 쓰면 줄어듦. 아껴서 사용하라는 의미

따라쓰기 강물도 쓰면 준다.

속담 **걷기도 전에 뛰려고 한다.**

의미 쉽고 작은 일은 못하면서 더 어렵고 큰 일을 하려고 함

따라쓰기 걷기도 전에 뛰려고 한다.

관용구 **입이 무겁다.**

의미 아는 일을 함부로 옮기지(말하지) 않음

따라쓰기 입이 무겁다.

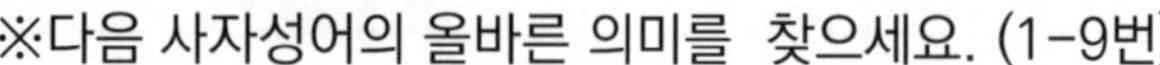

어휘왕

※다음 사자성어의 올바른 의미를 찾으세요. (1-9번)

01. 불로장생 ( )

① 세 명, 다섯 명씩 여럿이 모여 있음
② 묻는 말에 대해서 아주 딴판인 엉뚱한 대답
③ 대문 앞이 시장을 이룰 만큼 붐빔
④ 늙지 않고 오래 오래 삶
⑤ 모든 방면, 여러 방면

02. 삼삼오오 ( )

① 세 명, 다섯 명씩 여럿이 모여 있음
② 늙지 않고 오래 오래 삶
③ 스스로 묻고, 스스로 대답함
④ 마음이 공정하고 명백하여 조금도 사사로움이 없이 바름
⑤ 온 마음과 뜻을 다해서 노력함

03. 자문자답 ( )

① 하나의 질문에 하나씩 대답함
② 스스로 묻고, 스스로 대답함
③ 열 번 중 여덟, 아홉 번
④ 묻는 말에 대해서 아주 딴판인 엉뚱한 대답
⑤ 모든 일에 능통한 사람

04. 문전성시 ( )

① 헤아릴 수 없이 많은 사람
② 대문 앞이 시장을 이룰 만큼 붐빔
③ 늙지 않고 오래 오래 삶
④ 온 마음과 뜻을 다해서 노력함
⑤ 모든 일에 능통한 사람

05. 십중팔구 ( )

① 모든 방면, 여러 방면
② 늙지 않고 오래 오래 삶
③ 세 명, 다섯 명씩 여럿이 모여 있음
④ 대문 앞이 시장을 이룰 만큼 붐빔
⑤ 열 번 중 여덟, 아홉 번

06. 전심전력 ( )

① 모든 일에 능통한 사람
② 온 마음과 뜻을 다해서 노력함
③ 묻는 말에 대해서 아주 딴판인 엉뚱한 대답
④ 스스로 묻고, 스스로 대답함
⑤ 열 번 중 여덟, 아홉 번

07. 사방팔방 ( )

① 마음이 공정하고 명백하여 조금도 사사로움이 없이 바름
② 모든 방면, 여러 방면
③ 오랜 세월이 지나도 변하지 않음
④ 세 명, 다섯 명씩 여럿이 모여 있음
⑤ 대문 앞이 시장을 이룰 만큼 붐빔

08. 팔방미인 ( )

① 마음이 공정하고 명백하여 조금도 사사로움이 없이 바름
② 늙지 않고 오래 오래 삶
③ 열 번 중 여덟, 아홉 번
④ 대문 앞이 시장을 이룰 만큼 붐빔
⑤ 모든 일에 능통한 사람

09. 동문서답 ( )

① 온 마음과 뜻을 다해서 노력함
② 세 명, 다섯 명씩 여럿이 모여 있음
③ 스스로 묻고, 스스로 대답함
④ 묻는 말에 아주 딴판인 엉뚱한 대답
⑤ 헤아릴 수 없이 많은 사람

어휘왕

※다음 속담과 관용구의 올바른 의미를 찾으세요 (10-14번)

사 사자성어 속 속담 관 관용구

10. 속 강물도 쓰면 준다. (　　)

① 사소한 버릇이라도 한번 몸에 배면 고치기 어려움
② 아무리 많아도 쓰면 줄어듦. 아껴서 사용하라는 의미
③ 부지런하고 성실한 사람에게 더 잘하라는 말
④ 어떤 일이나 물건이 드문드문 있을 때 하는 말
⑤ 도와주고 은혜를 베푼 사람에게 도리어 피해를 입었음

11. 속 세상 적 버릇 여든까지 간다. (　　)

① 쉽고 작은 일은 못하면서 더 어렵고 큰 일을 하려고 함
② 사소한 버릇이라도 한번 몸에 배면 고치기 어려움
③ 도둑질이 가장 나쁨. 즉, 법은 도둑 때문에 생겼음
④ 어떤 사물을 보고 놀란 사람은 그 사물과 비슷한 것만 봐도 놀람
⑤ 아무도 안 듣는 데에서도 말은 조심해야 함

12. 속 가뭄에 콩 나듯 한다. (　　)

① 어떤 일이나 물건이 드문드문 있을 때 하는 말
② 하려던 일이 실패하여 어찌할 도리가 없이 그저 쳐다만 보며 민망해함
③ 어떤 사물을 보고 놀란 사람은 그 사물과 비슷한 것만 봐도 놀람
④ 아무리 많아도 쓰면 줄어듦. 아껴서 사용하라는 의미
⑤ 쉽고 작은 일은 못하면서 더 어렵고 큰 일을 하려고 함

13. 관 코가 납작해지다. (　　)

① 어떤 일이나 물건이 드문드문 있을 때 하는 말
② 몹시 무안을 당하거나 기가 죽어 위신이 떨어짐
③ 아는 일을 함부로 옮기지(말하지) 않음
④ 사소한 버릇이라도 한번 몸에 배면 고치기 어려움
⑤ 다른 사람이나 물건에 대해 거듭해서 아주 좋게 말함

14. 관 입이 무겁다. (　　)

① 다른 사람이나 물건에 대해 거듭해서 아주 좋게 말함
② 같은 말을 여러 번 들음
③ 아직 어른이 되려면 한참 멀었음
④ 몹시 무안을 당하거나 기가 죽어 위신이 떨어짐
⑤ 아는 일을 함부로 옮기지(말하지) 않음

어휘왕

※다음 사자성어, 속담, 관용의 올바른 의미를 쓰세요 (15-24번)

15. 사 불로장생

»

16. 사 팔방미인

»

17. 사 문전성시

»

18. 사 동문서답

»

19. 사 사방팔방

»

20. 속 강물도 쓰면 준다.

»

21. 속 가뭄에 콩 나듯 한다.

»

22. 속 걷기도 전에 뛰려고 한다.

»

23. 관 입에 침이 마르다.

»

24. 관 입이 무겁다.

»

사 사자성어　속 속담　관 관용구

최종 점수 / 24

어휘활용문

※다음 어휘를 활용하여 다양한 문장을 만들어 보세요

사자성어		
	불로장생 不老長生	
	문전성시 門前成市	
	사방팔방 四方八方	

속담·관용구	
	강물도 쓰면 준다.
	걷기도 전에 뛰려고 한다.
	입이 무겁다.

사자성어

산 천 초 목
山 川 草 木

뫼	내	풀	나무
산	천	초	목

의 미

산, 내, 풀, 나무를 나타내는 말로 '자연'을 뜻함

예 문

1. 장군의 위세는 **산천초목**이 벌벌 떨 정도로 당당했다.
2. 봄에는 **산천초목**의 생명의 기운이 약동한다.

따라쓰기

산 천 초 목		

사자성어

세 상 만 사
世 上 萬 事

세상	윗	일만	일
세	상	만	사

의 미

세상에서 일어나는 온갖 일

예 문

1. **세상만사**가 뜻대로 된다면 얼마나 좋을까!
2. 인생이 허무하다고 느낀 왕은 **세상만사**가 다 싫어졌다.

따라쓰기

세 상 만 사		

사자성어

춘 하 추 동
春 夏 秋 冬

봄	여름	가을	겨울
춘	하	추	동

의 미

봄, 여름, 가을, 겨울

예 문

1. 자연은 **춘하추동** 그 색을 달리한다.
2. 우리나라는 **춘하추동**의 사계절이 분명하다.

따라쓰기

춘 하 추 동		

속 담	**구슬이 서말이라도 꿰어야 보배다.**
의 미	아무리 훌륭하고 좋은 것이라도 다듬고 정리해야 가치가 있음
따라쓰기	구슬이 서말이라도 꿰어야 보배다.

속 담	**기르던 개에게 다리를 물렸다.**
의 미	도와주고 은혜를 베푼 사람에게 도리어 피해를 입었음
따라쓰기	기르던 개에게 다리를 물렸다.

관용구	**귀에 못이 박히다.**
의 미	같은 말을 여러 번 들음
따라쓰기	귀에 못이 박히다.

어휘왕

※다음 사자성어의 올바른 의미를 찾으세요. (1-10번)

01. 산천초목 ( )

① 하나의 질문에 하나씩 대답함
② 모든 일에 능통한 사람
③ 산, 내, 풀, 나무를 나타내는 말로 '자연'을 뜻함
④ 봄, 여름, 가을, 겨울
⑤ 묻는 말에 대한 아주 딴판인 엉뚱한 대답

02. 십중팔구 ( )

① 헤아릴 수 없이 많은 사람
② 열 번 중 여덟, 아홉 번
③ 집안이 화목하면 모든 일이 다 잘되어감
④ 늙지 않고 오래 오래 삶
⑤ 모든 방면, 여러 방면

03. 전심전력 ( )

① 세상에서 일어나는 온갖 일
② 가을 바람에 떨어지는 낙엽
③ 대문 앞이 시장을 이룰 만큼 붐빔
④ 온 마음과 뜻을 다해서 노력함
⑤ 산, 내, 풀, 나무를 나타내는 말로 '자연'을 뜻함

04. 세상만사 ( )

① 봄, 여름, 가을, 겨울
② 산, 내, 풀, 나무를 나타내는 말로 '자연'을 뜻함
③ 열 번 중 여덟, 아홉 번
④ 하나의 질문에 하나씩 대답함
⑤ 세상에서 일어나는 온갖 일

05. 불로장생 ( )

① 늙지 않고 오래 오래 삶
② 모든 방면, 여러 방면
③ 온 마음과 뜻을 다해서 노력함
④ 대문 앞이 시장을 이룰 만큼 붐빔
⑤ 가을 바람에 떨어지는 낙엽

06. 삼삼오오 ( )

① 열 번 중 여덟, 아홉 번
② 모든 방면, 여러 방면
③ 세 명, 다섯 명씩 여럿이 모여 있음
④ 온 마음과 뜻을 다해서 노력함
⑤ 세상에서 일어나는 온갖 일

07. 자문자답 ( )

① 모든 일에 능통한 사람
② 세상에서 일어나는 온갖 일
③ 헤아릴 수 없이 많은 사람
④ 스스로 묻고, 스스로 대답함
⑤ 하나의 질문에 하나씩 대답함

08. 춘하추동 ( )

① 온 마음과 뜻을 다해서 노력함
② 봄, 여름, 가을, 겨울
③ 집안이 화목하면 모든 일이 다 잘되어감
④ 가을 바람에 떨어지는 낙엽
⑤ 세 명, 다섯 명씩 여럿이 모여 있음

09. 문전성시 ( )

① 늙지 않고 오래 오래 삶
② 모든 일에 능통한 사람
③ 묻는 말에 대해서 아주 딴판인 엉뚱한 대답
④ 헤아릴 수 없이 많은 사람
⑤ 대문 앞이 시장을 이룰 만큼 붐빔

10. 사방팔방 ( )

① 모든 방면, 여러 방면
② 대문 앞이 시장을 이룰 만큼 붐빔
③ 온 마음과 뜻을 다해서 노력함
④ 가을 바람에 떨어지는 낙엽
⑤ 모든 일에 능통한 사람

어휘왕

※다음 속담과 관용구의 올바른 의미를 찾으세요 (11-15번)

사 사자성어 속 속담 관 관용구

11. 속 구슬이 서말이라도 꿰어야 보배다. (   )

① 도와주고 은혜를 베푼 사람에게 도리어 피해를 입었음
② 아무리 많아도 쓰면 줄어듬. 아껴서 사용하라는 의미
③ 어떤 일이나 물건이 드문드문 있을 때 하는 말
④ 아무리 훌륭하고 좋은 것이라도 다듬고 정리해야 가치가 있음
⑤ 어떤 사물을 보고 놀란 사람은 그 사물과 비슷한 것만 봐도 놀람

12. 속 걷기도 전에 뛰려고 한다. (   )

① 쉽고 작은 일은 못하면서 더 어렵고 큰 일을 하려고 함
② 아무리 훌륭하고 좋은 것이라도 다듬고 정리해야 가치가 있음
③ 사소한 버릇이라도 한번 몸에 배면 고치기 어려움
④ 도와주고 은혜를 베푼 사람에게 도리어 피해를 입었음
⑤ 부지런하고 성실한 사람에게 더 잘하라는 말

13. 속 기르던 개에게 다리를 물렸다. (   )

① 도와주고 은혜를 베푼 사람에게 도리어 피해를 입었음
② 어떤 사물을 보고 놀란 사람은 그 사물과 비슷한 것만 봐도 놀람
③ 어떤 일이나 물건이 드문드문 있을 때 하는 말
④ 아무리 많아도 쓰면 줄어듬. 아껴서 사용하라는 의미
⑤ 사소한 버릇이라도 한번 몸에 배면 고치기 어려움

14. 관 입에 침이 마르다 (   )

① 같은 말을 여러 번 들음
② 아는 일을 함부로 옮기지(말하지) 않음
③ 다른 사람이나 물건에 대해 거듭해서 아주 좋게 말함
④ 다가올 결과를 생각해가며 모든 것을 미리 살피고 일들을 처리함
⑤ 눈치 없이 쓸데없는 일에 참견함

15. 관 귀에 못이 막히다. (   )

① 아직 어른이 되려면 한참 멀었음
② 몹시 무안을 당하거나 기가 죽어 위신이 떨어짐
③ 요금이나 물건 값을 실제 값보다 비싸게 지불함
④ 좋은 분위기에 끼어들어 분위기를 망침
⑤ 같은 말을 여러 번 들음

어휘왕

※다음 사자성어, 속담, 관용의 올바른 의미를 쓰세요 (16-25번)

16. 사 산천초목

»

17. 사 팔방미인

»

18. 사 세상만사

»

19. 사 문전성시

»

20. 사 춘하추동

»

21. 속 구슬이 서말이라도 꿰어야 보배다.

»

22. 속 자라보고 놀란 가슴 솥뚜껑보고 놀란다.

»

23. 속 기르던 개에게 다리를 물렸다.

»

24. 관 코가 납작해지다.

»

25. 관 귀에 못이 박히다.

»

최종 점수 / 25

어휘활용문

※다음 어휘를 활용하여 다양한 문장을 만들어 보세요

사자성어		
	산천초목 山川草木	
	세상만사 世上萬事	
	춘하추동 春夏秋冬	

속담·관용구	
	구슬이 서말이라도 꿰어야 보배다.
	기르던 개에게 다리를 물렸다.
	귀에 못이 박히다.

사자성어	추 풍 낙 엽 秋 風 落 葉	가을 / 추	바람 / 풍	떨어질 / 낙(락)	잎 / 엽
의 미	가을 바람에 떨어지는 낙엽				
예 문	1. 헬리콥터 날개 바람에 나뭇잎이 **추풍낙엽**처럼 떨어져 나갔다. 2. 일본 군대도 조선 독립군 앞에서는 **추풍낙엽**이었다.				
따라쓰기	추 풍 낙 엽				

사자성어	인 산 인 해 人 山 人 海	사람 / 인	뫼 / 산	사람 / 인	바다 / 해
의 미	헤아릴 수 없이 많은 사람				
예 문	1. 여름철 유명 바닷가는 피서객들로 **인산인해**를 이룬다. 2. 새로 오픈한 가게는 물건 구매자들로 **인산인해**였다.				
따라쓰기	인 산 인 해				

사자성어	일 문 일 답 一 問 一 答	하나 / 일	물을 / 문	하나 / 일	대답 / 답
의 미	하나의 질문에 하나씩 대답함				
예 문	1. 경찰의 기자회견장에서는 **일문일답**이 원칙이다. 2. 광장학원 수업은 아이들이 많아 **일문일답**하기가 쉽지 않다.				
따라쓰기	일 문 일 답				

속 담	**남의 말 하기는 식은 죽 먹기다.**
의 미	남의 결점을 드러내기는 자기 허물을 말하기보다 쉬움
따라쓰기	남의 말 하기는 식은 죽 먹기다.

속 담	**낮 말은 새가 듣고, 밤 말은 쥐가 듣는다.**
의 미	아무도 안 듣는 데에서도 말은 조심해야 함
따라쓰기	낮 말은 새가 듣고, 밤 말은 쥐가 듣는다.

관용구	**발 디딜 틈도 없다.**
의 미	어떤 장소가 발을 디딜 수 없을 만큼 사람으로 꽉 참
따라쓰기	발 디딜 틈도 없다.

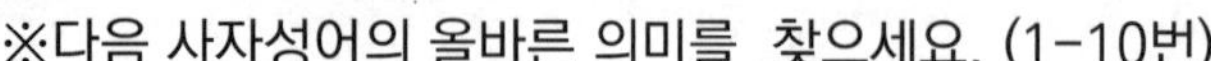

어휘왕

※다음 사자성어의 올바른 의미를 찾으세요. (1-10번)

01. 추풍낙엽 (   )

① 세상에서 일어나는 온갖 일
② 세 명, 다섯 명씩 여럿이 모여 있음
③ 가을 바람에 떨어지는 낙엽
④ 모든 일에 능통한 사람
⑤ 하나의 질문에 하나씩 대답함

02. 산천초목 (   )

① 모든 일에 능통한 사람
② 봄, 여름, 가을, 겨울
③ 산, 내, 풀, 나무를 나타내는 말로 '자연'을 뜻함
④ 모든 방면, 여러 방면
⑤ 대문 앞이 시장을 이룰 만큼 붐빔

03. 팔방미인 (   )

① 모든 일에 능통한 사람
② 온 마음과 뜻을 다해서 노력함
③ 묻는 말에 대해 아주 딴판인 엉뚱한 대답
④ 스스로 묻고, 스스로 대답함
⑤ 남의 비위에 맞게 꾸미거나 이로운 조건으로 꾀는 말

04. 인산인해 (   )

① 세상에서 일어나는 온갖 일
② 하나의 질문에 하나씩 대답함
③ 세 명, 다섯 명씩 여럿이 모여 있음
④ 대문 앞이 시장을 이룰 만큼 붐빔
⑤ 헤아릴 수 없이 많은 사람

05. 전심전력 (   )

① 집안이 화목하면 모든 일이 다 잘되어감
② 온 마음과 뜻을 다해서 노력함
③ 산, 내, 풀, 나무를 나타내는 말로 '자연'을 뜻함
④ 가르치고 배우면서 더불어 성장함
⑤ 세 명, 다섯 명씩 여럿이 모여 있음

06. 세상만사 (   )

① 봄, 여름, 가을, 겨울
② 늙지 않고 오래 오래 삶
③ 헤아릴 수 없이 많은 사람
④ 세상에서 일어나는 온갖 일
⑤ 산, 내, 풀, 나무를 나타내는 말로 '자연'을 뜻함

07. 문전성시 (   )

① 마음이 공정하고 명백하여 조금도 사사로움이 없이 바름
② 모든 일에 능통한 사람
③ 세상에서 일어나는 온갖 일
④ 대문 앞이 시장을 이룰 만큼 붐빔
⑤ 세 명, 다섯 명씩 여럿이 모여 있음

08. 일문일답 (   )

① 하나의 질문에 하나씩 대답함
② 대문 앞이 시장을 이룰 만큼 붐빔
③ 세상에서 일어나는 온갖 일
④ 가을 바람에 떨어지는 낙엽
⑤ 세 명, 다섯 명씩 여럿이 모여 있음

09. 춘하추동 (   )

① 집안이 화목하면 모든 일이 다 잘되어감
② 헤아릴 수 없이 많은 사람
③ 봄, 여름, 가을, 겨울
④ 스스로 묻고, 스스로 대답함
⑤ 모든 일에 능통한 사람

10. 십중팔구 (   )

① 모든 방면, 여러 방면
② 묻는 말에 대해서 아주 딴판인 엉뚱한 대답
③ 온 마음과 뜻을 다해서 노력함
④ 가을 바람에 떨어지는 낙엽
⑤ 열 번 중 여덟, 아홉 번

어휘왕

※다음 속담과 관용구의 올바른 의미를 찾으세요 (11-15번)

사 사자성어 속 속담 관 관용구

11. 속 남의 말 하기는 식은 죽 먹기다. (　　)

① 어떤 사물을 보고 놀란 사람은 그 사물과 비슷한 것만 봐도 놀람
② 아무리 훌륭하고 좋은 것이라도 다듬고 정리해야 가치가 있음
③ 남의 결점을 드러내기는 자기 허물을 말하기보다 쉬움
④ 도와주고 은혜를 베푼 사람에게 도리어 피해를 입었음
⑤ 부지런하고 성실한 사람에게 더 잘하라는 말

12. 속 구슬이 서말이라도 꿰어야 보배다. (　　)

① 아무리 훌륭하고 좋은 것이라도 다듬고 정리해야 가치가 있음
② 아무리 많아도 쓰면 줄어든다. 아껴서 사용하라는 의미
③ 어떤 일이나 물건이 드문드문 있을 때 하는 말
④ 남의 결점을 드러내기는 자기 허물을 말하기보다 쉬움
⑤ 도둑질이 가장 나쁨. 즉, 법은 도둑 때문에 생겼음

13. 속 낮 말은 새가 듣고, 밤 말을 쥐가 듣는다. (　　)

① 어떤 행동을 하기 전에 모든 전후 상황을 고려해야함
② 아무도 안 듣는 데에서도 말은 조심해야 함
③ 하려던 일이 실패하여 어찌할 도리가 없이 그저 쳐다만 보며 민망해함
④ 사소한 버릇이라도 한번 몸에 배면 고치기 어려움
⑤ 쉽고 작은 일은 못하면서 더 어렵고 큰 일을 하려고 함

14. 관 코가 납작해지다. (　　)

① 같은 말을 여러 번 들음
② 다른 사람이나 물건에 대해 거듭해서 아주 좋게 말함
③ 아는 일을 함부로 옮기지(말하지) 않음
④ 몹시 무안을 당하거나 기가 죽어 위신이 떨어짐
⑤ 눈치 없이 쓸데없는 일에 참견함

15. 관 발 디딜 틈도 없다. (　　)

① 어떤 장소가 발을 디딜 수 없을 만큼 사람으로 꽉 참
② 다가올 결과를 생각해가며 모든 것을 미리 살피고 일들을 처리함
③ 아직 어른이 되려면 한참 멀었음
④ 같은 말을 여러 번 들음
⑤ 몹시 무안을 당하거나 기가 죽어 위신이 떨어짐

어휘왕

※다음 사자성어, 속담, 관용의 올바른 의미를 쓰세요 (16-25번)

16. 사 추풍낙엽

》

17. 사 자문자답

》

18. 사 인산인해

》

19. 사 세상만사

》

20. 사 일문일답

》

21. 속 남의 말 하기는 식은 죽 먹기다.

》

22. 속 세상 적 버릇 여든까지 간다.

》

23. 속 낮말은 새가 듣고, 밤 말은 쥐가 듣는다.

》

24. 관 입에 침이 마르다.

》

25. 관 발 디딜 틈도 없다.

》

사 사자성어 속 속담 관 관용구

최종 점수 / 25

어휘활용문

※다음 어휘를 활용하여 다양한 문장을 만들어 보세요

사자성어		
사자성어	추풍낙엽 秋風落葉	
	인산인해 人山人海	
	일문일답 一問一答	

속담 · 관용구	
속담 · 관용구	남의 말 하기는 식은 죽 먹기다.
	낮 말은 새가 듣고, 밤 말은 쥐가 듣는다.
	발 디딜 틈도 없다.

사자성어	가화만사성 家和萬事成	집 화목할 일만 일 이룰 가 화 만 사 성
의 미	집안이 화목하면 모든 일이 다 잘되어감	
예 문	1. **가화만사성**이라고 하지 않니? 우선 부모님과 화해해! 2. 성공한 사람들의 기본은 '**가화만사성**'이라고 알려져 있어.	
따라쓰기	가화만사성	

사자성어	감언이설 甘言利說	달 말씀 날카로울 말씀 감 언 이 설
의 미	남의 비위에 맞게 꾸미거나 이로운 조건으로 꾀는 말	
예 문	1. 치배는 온갖 협박과 **감언이설**에도 절대 넘어가지 않았다. 2. 번지르르한 판매원의 **감언이설**에 그는 물건을 구매했다.	
따라쓰기	감 언 이 설	

사자성어	공명정대 公明正大	나타날 밝을 정할 큰 공 명 정 대
의 미	마음이 공정하고 명백하여 조금도 사사로움이 없이 바름	
예 문	1. 민주주의는 **공명정대**한 선거에서 출발한다. 2. 운동경기에서 심판은 **공명정대**한 판단을 내려야 한다.	
따라쓰기	공 명 정 대	

속 담

닭 쫓던 개 지붕 쳐다본다.

의 미

하려던 일이 실패하여 어찌할 도리가 없이 그저 쳐다만 보며 민망해함

따라쓰기

닭 쫓던 개 지붕 쳐다본다.

속 담

도둑이 없으면 법도 쓸데 없다.

의 미

도둑질이 가장 나쁨. 즉, 법은 도둑 때문에 생겼음

따라쓰기

도둑이 없으면 법도 쓸데 없다.

관용구

머리에 피도 안 마르다.

의 미

아직 어른이 되려면 한참 멀었음

따라쓰기

머리에 피도 안 마르다.

어휘왕

※다음 사자성어의 올바른 의미를 찾으세요. (1-10번)

01. 가화만사성 ( )

① 세상에서 일어나는 온갖 일
② 헤아릴 수 없이 많은 사람
③ 하나의 질문에 하나씩 대답함
④ 온 마음과 뜻을 다해서 노력함
⑤ 집안이 화목하면 모든 일이 다 잘되어감

02. 자문자답 ( )

① 스스로 묻고, 스스로 대답함
② 하나의 질문에 하나씩 대답함
③ 열 번 중 여덟, 아홉 번
④ 가을 바람에 떨어지는 낙엽
⑤ 마음이 공정하고 명백하여 조금도 사사로움이 없이 바름

03. 불로장생 ( )

① 늙지 않고 오래 오래 삶
② 하나의 질문에 하나씩 대답함
③ 봄, 여름, 가을, 겨울
④ 세 명, 다섯 명씩 여럿이 모여 있음
⑤ 가을 바람에 떨어지는 낙엽

04. 감언이설 ( )

① 하나의 질문에 하나씩 대답함
② 남의 비위에 맞게 꾸미거나 이로운 조건으로 꾀는 말
③ 대문 앞이 시장을 이룰 만큼 붐빔
④ 세 명, 다섯 명씩 여럿이 모여 있음
⑤ 여러 가지로 일이 많고, 어려움도 많음

05. 산천초목 ( )

① 산, 내, 풀, 나무를 나타내는 말로 '자연'을 뜻함
② 봄, 여름, 가을, 겨울
③ 세 명, 다섯 명씩 여럿이 모여 있음
④ 집안이 화목하면 모든 일이 다 잘되어감
⑤ 온 마음과 뜻을 다해서 노력함

06. 인산인해 ( )

① 마음이 공정하고 명백하여 조금도 사사로움이 없이 바름
② 가을 바람에 떨어지는 낙엽
③ 헤아릴 수 없이 많은 사람
④ 세 명, 다섯 명씩 여럿이 모여 있음
⑤ 대문 앞이 시장을 이룰 만큼 붐빔

07. 일문일답 ( )

① 태어나고, 죽고, 괴롭고, 즐기는 일
② 하나의 질문에 하나씩 대답함
③ 대문 앞이 시장을 이룰 만큼 붐빔
④ 스스로 묻고, 스스로 대답함
⑤ 가을 바람에 떨어지는 낙엽

08. 공명정대 ( )

① 여러 가지로 일이 많고, 어려움도 많음
② 하나의 질문에 하나씩 대답함
③ 열 번 중 여덟, 아홉 번
④ 세상에서 일어나는 온갖 일
⑤ 마음이 공정하고 명백하여 조금도 사사로움이 없이 바름

09. 문전성시 ( )

① 하나의 질문에 하나씩 대답함
② 집안이 화목하면 모든 일이 다 잘되어감
③ 온 마음과 뜻을 다해서 노력함
④ 산, 내, 풀, 나무를 나타내는 말로 '자연'을 뜻함
⑤ 대문 앞이 시장을 이룰 만큼 붐빔

10. 추풍낙엽 ( )

① 세상에서 일어나는 온갖 일
② 하나의 질문에 하나씩 대답함
③ 봄, 여름, 가을, 겨울
④ 가을 바람에 떨어지는 낙엽
⑤ 남의 비위에 맞게 꾸미거나 이로운 조건으로 꾀는 말

어휘왕

※다음 속담과 관용구의 올바른 의미를 찾으세요 (11-15번)

11. 속 닭 쫓던 개 지붕 쳐다본다. (　　)

① 아무리 많아도 쓰면 줄어듬. 아껴서 사용하라는 의미
② 부지런하고 성실한 사람에게 더 잘하라는 말
③ 어떤 사물을 보고 놀란 사람은 그 사물과 비슷한 것만 봐도 놀람
④ 도와주고 은혜를 베푼 사람에게 도리어 피해를 입었음
⑤ 하려던 일이 실패하여 어찌할 도리가 없이 그저 쳐다만 보며 민망해함

12. 속 세살 적 버릇 여든까지 간다. (　　)

① 쉽고 작은 일은 못하면서 더 어렵고 큰 일을 하려고 함
② 의지할 데가 있어야 무슨 일이든 할 수 있음
③ 어떤 일이나 물건이 드문드문 있을 때 하는 말
④ 남의 결점을 드러내기는 자기 허물을 말하기보다 쉬움
⑤ 사소한 버릇이라도 한번 몸에 배면 고치기 어려움

13. 속 도둑이 없으면 법도 쓸데 없다. (　　)

① 아무도 안 듣는 데에서도 말은 조심해야 함
② 도둑질이 가장 나쁨. 즉, 법은 도둑 때문에 생겼음
③ 하려던 일이 실패하여 어찌할 도리가 없이 그저 쳐다만 보며 민망해함
④ 아무리 훌륭하고 좋은 것이라도 다듬고 정리해야 가치가 있음
⑤ 사람의 욕심은 끝이 없음

14. 관 입에 침이 마르다. (　　)

① 어떤 장소가 발을 디딜 수 없을 만큼 사람으로 꽉 참
② 눈치 없이 쓸데없는 일에 참견함
③ 다른 사람이나 물건에 대해 거듭해서 아주 좋게 말함
④ 같은 말을 여러 번 들음
⑤ 몹시 무안을 당하거나 기가 죽어 위신이 떨어짐

15. 관 머리에 피도 안마르다. (　　)

① 아는 일을 함부로 옮기지(말하지) 않음
② 좋은 분위기에 끼어들어 분위기를 망침
③ 아직 어른이 되려면 한참 멀었음
④ 눈치 없이 쓸데없는 일에 참견함
⑤ 다가올 결과를 생각해가며 모든 것을 미리 살피고 일들을 처리함

어휘왕

※다음 사자성어, 속담, 관용의 올바른 의미를 쓰세요 (16-25번)

16. 사 가화만사성

17. 사 불로장생

18. 사 감언이설

19. 사 인산인해

20. 사 공명정대

21. 속 닭 쫓던 개 지붕 쳐다본다.

22. 속 걷기도 전에 뛰려고 한다.

23. 속 도둑이 없으면 법도 쓸데없다.

24. 관 귀에 못이 박히다.

25. 관 머리에 피도 안 마르다.

사 사자성어 속 속담 관 관용구

최종 점수 / 25

어휘활용문

※다음 어휘를 활용하여 다양한 문장을 만들어 보세요.

구분	어휘	
사자성어	가화만사성 家和萬事成	
사자성어	감언이설 甘言利說	
사자성어	공명정대 公明正大	

속담 · 관용구

닭 쫓던 개 지붕 쳐다본다.

도둑이 없으면 법도 쓸데 없다.

머리에 피도 안 마르다.

사자성어	교 학 상 장 教 學 相 長	가르칠 교	배울 학	서로 상	길 장

의 미 가르치고 배우면서 더불어 성장함

예 문
1. 스승과 제자 사이에는 **교학상장**의 즐거움이 있다.
2. 선생님은 학생들의 배움의 열정에서 **교학상장**을 떠올렸다.

따라쓰기

교 학 상 장		

사자성어	구 사 일 생 九 死 一 生	아홉 구	죽을 사	하나 일	날 생

의 미 여러 차례 죽을 고비를 겪고 겨우 살아남

예 문
1. 현진이는 물에 빠졌지만 **구사일생**으로 살아나왔다.
2. 아버지는 자동차 사고에서 **구사일생**으로 살아남았다.

따라쓰기

구 사 일 생		

사자성어	다 사 다 난 多 事 多 難	많을 다	일 사	많을 다	어려울 난

의 미 여러 가지로 일이 많고, 어려움도 많음

예 문
1. **다사다난**했던 지난 해가 지나가고 새해가 밝았다.
2. 우리는 **다사다난**했던 여행을 마치고 집으로 돌아왔다.

따라쓰기

다 사 다 난		

속 담

돌다리도 두드려 보고 건너라

의 미

어떤 행동을 하기 전에 모든 전후 상황을 고려해야함

따라쓰기

돌다리도 두드려 보고 건너라

속 담

떡 줄 사람은 생각도 없는데, 김치국부터 마신다.

의 미

해줄 사람은 생각도 없는데, 이미 다 된 것처럼 미리부터 기대함

따라쓰기

떡 줄 사람은 생각도 없는데, 김치국부터 마신다.

관용구

오지랖이 넓다.

의 미

눈치 없이 쓸데없는 일에 참견함

따라쓰기

오지랖이 넓다.

어휘왕

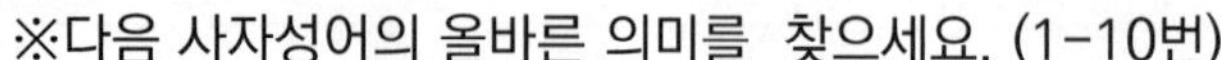

※다음 사자성어의 올바른 의미를 찾으세요. (1-10번)

01. 교학상장 ( )

① 묻는 말에 대해서 아주 딴판인 엉뚱한 대답
② 집안이 화목하면 모든 일이 다 잘되어감
③ 가르치고 배우면서 더불어 성장함
④ 세상에서 일어나는 온갖 일
⑤ 모든 일에 능통한 사람

02. 일문일답 ( )

① 가르치고 배우면서 더불어 성장함
② 가을 바람에 떨어지는 낙엽
③ 하나의 질문에 하나씩 대답함
④ 세상 일의 온갖 고난을 겪은 경험을 비유함
⑤ 모든 일에 능통한 사람

03. 공명정대 ( )

① 마음이 공정하고 명백하여 조금도 사사로움이 없이 바름
② 스스로 묻고, 스스로 대답함
③ 모든 일에 능통한 사람
④ 열 번 중 여덟, 아홉 번
⑤ 늙지 않고 오래 오래 삶

04. 구사일생 ( )

① 남의 비위에 맞게 꾸미거나 이로운 조건으로 꾀는 말
② 여러 차례 죽을 고비를 겪고 겨우 살아남
③ 헤아릴 수 없이 많은 사람
④ 집안이 화목하면 모든 일이 다 잘되어감
⑤ 대문 앞이 시장을 이룰 만큼 붐빔

05. 삼삼오오 ( )

① 봄, 여름, 가을, 겨울
② 집안이 화목하면 모든 일이 다 잘되어감
③ 산, 내, 풀, 나무를 나타내는 말로 '자연'을 뜻함
④ 세 명, 다섯 명씩 여럿이 모여 있음
⑤ 여러 가지로 일이 많고, 어려움도 많음

06. 가화만사성 ( )

① 봄, 여름, 가을, 겨울
② 집안이 화목하면 모든 일이 다 잘되어감
③ 산, 내, 풀, 나무를 나타내는 말로 '자연'을 뜻함
④ 세 명, 다섯 명씩 여럿이 모여 있음
⑤ 여러 가지로 일이 많고, 어려움도 많음

07. 불로장생 ( )

① 하나의 질문에 하나씩 대답함
② 대문 앞이 시장을 이룰 만큼 붐빔
③ 봄, 여름, 가을, 겨울
④ 늙지 않고 오래 오래 삶
⑤ 모든 방면, 여러 방면

08. 다사다난 ( )

① 대문 앞이 시장을 이룰 만큼 붐빔
② 가르치고 배우면서 더불어 성장함
③ 산, 내, 풀, 나무를 나타내는 말로 '자연'을 뜻함
④ 묻는 말에 대해 아주 딴판인 엉뚱한 대답
⑤ 여러 가지로 일이 많고, 어려움도 많음

09. 세상만사 ( )

① 세상에서 일어나는 온갖 일
② 모든 일에 능통한 사람
③ 세상 일의 온갖 고난을 겪은 경험을 비유함
④ 집안이 화목하면 모든 일이 다 잘되어감
⑤ 가을 바람에 떨어지는 낙엽

10. 전심전력 ( )

① 대문 앞이 시장을 이룰 만큼 붐빔
② 온 마음과 뜻을 다해서 노력함
③ 스스로 묻고, 스스로 대답함
④ 여러 차례 죽을 고비를 겪고 겨우 살아남
⑤ 마음이 공정하고 명백하여 조금도 사사로움이 없이 바름

어휘왕

※다음 속담과 관용구의 올바른 의미를 찾으세요 (11-15번)

11. 속 돌다리도 두드려 보고 건너라 (　　)

① 쉽고 작은 일은 못하면서 더 어렵고 큰 일을 하려고 함
② 사소한 버릇이라도 한번 몸에 배면 고치기 어려움
③ 남의 결점을 드러내기는 자기 허물을 말하기보다 쉬움
④ 어떤 행동을 하기 전에 모든 전후 상황을 고려해야함
⑤ 도둑질이 가장 나쁨. 즉, 법은 도둑 때문에 생겼음

12. 속 강물도 쓰면 준다. (　　)

① 아무리 훌륭하고 좋은 것이라도 다듬고 정리해야 가치가 있음
② 어떤 일이나 물건이 드문드문 있을 때 하는 말
③ 하려던 일이 실패하여 어찌할 도리가 없이 그저 쳐다만 보며 민망해함
④ 아무리 많아도 쓰면 줄어듦. 아껴서 사용하라는 의미
⑤ 도와주고 은혜를 베푼 사람에게 도리어 피해를 입었음

13. 속 떡 줄 사람은 생각도 없는데, 김치국부터 마신다. (　　)

① 아무도 안 듣는 데에서도 말은 조심해야 함
② 어떤 사물을 보고 놀란 사람은 그 사물과 비슷한 것만 봐도 놀람
③ 해줄 사람은 생각도 없는데, 이미 다 된 것처럼 미리부터 기대함
④ 사소한 것이라도 거듭되면 무시 못할 정도로 크게 됨
⑤ 부지런하고 성실한 사람에게 더 잘하라는 말

14. 관 입에 침이 마르다 (　　)

① 아직 어른이 되려면 한참 멀었음
② 어떤 장소가 발을 디딜 수 없을 만큼 사람으로 꽉 참
③ 다른 사람이나 물건에 대해 거듭해서 아주 좋게 말함
④ 요금이나 물건 값을 실제 값보다 비싸게 지불함
⑤ 부끄러운 일을 당하여 남을 대할 면목이 없음

15. 관 오지랖이 넓다. (　　)

① 좋은 분위기에 끼어들어 분위기를 망침
② 눈치 없이 쓸데없는 일에 참견함
③ 다른 사람이나 물건에 대해 거듭해서 아주 좋게 말함
④ 아는 일을 함부로 옮기지(말하지) 않음
⑤ 몹시 무안을 당하거나 기가 죽어 위신이 떨어짐

어휘왕

※다음 사자성어, 속담, 관용의 올바른 의미를 쓰세요 (16-25번)

16. 사 교학상장

17. 사 산천초목

18. 사 구사일생

19. 사 가화만사성

20. 사 다사다난

21. 속 돌다리도 두드려 보고 건너라.

22. 속 기르던 개에게 다리를 물렸다.

23. 속 떡 줄 사람은 생각도 없는데, 김치국부터 마신다.

24. 관 발디딜 틈도 없다.

25. 관 오지랖이 넓다.

사 사자성어 속 속담 관 관용구

최종 점수 / 25

어휘활용문

※다음 어휘를 활용하여 다양한 문장을 만들어 보세요

구분	어휘	
사자성어	교학상장 教學相長	
	구사일생 九死一生	
	다사다난 多事多難	

속담 · 관용구
돌다리도 두드려 보고 건너라
떡 줄 사람은 생각도 없는데, 김치국부터 마신다.
오지랖이 넓다.

사자성어	전광석화 電光石火	전기 전	빛 광	돌 석	불 화

의미 아주 짧은 시간이나 매우 재빠른 동작

예문
1. 광석이는 **전광석화**처럼 재빠르게 일들을 처리했다.
2. 그의 뇌리에 한 가닥 아이디어가 **전광석화**처럼 떠올랐다.

따라쓰기 전 광 석 화

사자성어	산전수전 山戰水戰	뫼 산	싸움 전	물 수	싸움 전

의미 세상 일의 온갖 고난을 겪은 경험

예문
1. 채윤이는 **산전수전**을 다 겪은 역전의 용사다.
2. **산전수전**을 경험하지 않고서 이 일은 어떻게 할 수 있니?

따라쓰기 산 전 수 전

사자성어	사후약방문 死後藥方文	죽을 사	뒤 후	약 약	모 방	글월 문

의미 죽은 후의 처방이라는 뜻. 일이 끝났으므로 아무 소용 없음

예문
'소 잃고 외양간 고치기'가 **사후약방문** 격이라면,
사전에 대비하여 어려움을 잘 넘어서야 한다.

따라쓰기 사후약방문

속 담	말 안하면 귀신도 모른다.
의 미	누구나 마음속으로만 애태울 것이 아니라 말을 해야 함
따라쓰기	말 안하면 귀신도 모른다.

속 담	모난 돌이 정 맞는다.
의 미	말과 행동이 특출나거나 거슬리면 미움을 받음
따라쓰기	모난 돌이 정 맞는다.

관용구	누울 자리를 봐가며 발을 뻗어라.
의 미	다가올 결과를 생각해가며 모든 것을 미리 살피고 일들을 처리함
따라쓰기	누울 자리를 봐가며 발을 뻗어라.

어휘왕

※다음 사자성어의 올바른 의미를 찾으세요. (1-10번)

01. 전광석화 ( )

① 가르치고 배우면서 더불어 성장함
② 여러 차례 죽을 고비를 겪고 겨우 살아남
③ 온 마음과 뜻을 다해서 노력함
④ 아주 짧은 시간이나 매우 재빠른 동작을 이르는 말
⑤ 세상에서 일어나는 온갖 일

02. 인산인해 ( )

① 헤아릴 수 없이 많은 사람
② 집안이 화목하면 모든 일이 다 잘되어감
③ 일이 끝났으므로 아무 소용 없음을 이르는 말
④ 스스로 묻고, 스스로 대답함
⑤ 모든 일에 능통한 사람

03. 춘하추동 ( )

① 가을 바람에 떨어지는 낙엽
② 봄, 여름, 가을, 겨울
③ 가르치고 배우면서 더불어 성장함
④ 늙지 않고 오래 오래 삶
⑤ 묻는 말에 대해서 아주 딴판인 엉뚱한 대답

04. 산전수전 ( )

① 온 마음과 뜻을 다해서 노력함
② 마음이 공정하고 명백하여 조금도 사사로움이 없이 바름
③ 여러 차례 죽을 고비를 겪고 겨우 살아남
④ 봄, 여름, 가을, 겨울
⑤ 세상 일의 온갖 고난을 겪은 경험을 비유함

05. 문전성시 ( )

① 가을 바람에 떨어지는 낙엽
② 대문 앞이 시장을 이룰 만큼 붐빔
③ 아주 짧은 시간이나 매우 재빠른 동작을 이르는 말
④ 헤아릴 수 없이 많은 사람
⑤ 온 마음과 뜻을 다해서 노력함

06. 동문서답 ( )

① 집안이 화목하면 모든 일이 다 잘되어감
② 일이 끝났으므로 아무 소용 없음을 이르는 말
③ 묻는 말에 대해 아주 딴판인 엉뚱한 대답
④ 봄, 여름, 가을, 겨울
⑤ 늙지 않고 오래 오래 삶

07. 자문자답 ( )

① 집안이 화목하면 모든 일이 다 잘되어감
② 세상 일의 온갖 고난을 겪은 경험을 비유함
③ 스스로 묻고, 스스로 대답함
④ 세상에서 일어나는 온갖 일
⑤ 가르치고 배우면서 더불어 성장함

08. 사후약방문 ( )

① 여러 차례 죽을 고비를 겪고 겨우 살아남
② 가을 바람에 떨어지는 낙엽
③ 헤아릴 수 없이 많은 사람
④ 대문 앞이 시장을 이룰 만큼 붐빔
⑤ 일이 끝났으므로 아무 소용 없음을 이르는 말

09. 십중팔구 ( )

① 열 번 중 여덟, 아홉 번
② 아주 짧은 시간이나 매우 재빠른 동작을 이르는 말
③ 집안이 화목하면 모든 일이 다 잘되어감
④ 온 마음과 뜻을 다해서 노력함
⑤ 가르치고 배우면서 더불어 성장함

10. 산천초목 ( )

① 모든 일에 능통한 사람
② 가르치고 배우면서 더불어 성장함
③ 봄, 여름, 가을, 겨울
④ 세상 일의 온갖 고난을 겪은 경험을 비유함
⑤ 산, 내, 풀, 나무를 나타내는 말로 '자연'을 뜻함

※다음 속담과 관용구의 올바른 의미를 찾으세요 (11-15번)

사 사자성어 속 속담 관 관용구

11. 속 말 안하면 귀신도 모른다. (　　)

① 남의 결점을 드러내기는 자기 허물을 말하기보다 쉬움
② 누구나 마음속으로만 애태울 것이 아니라 말을 해야 함
③ 어떤 사물을 보고 놀란 사람은 그 사물과 비슷한 것만 봐도 놀람
④ 어떤 행동을 하기 전에 모든 전후 상황을 고려해야함
⑤ 아무도 안 듣는 데에서도 말은 조심해야 함

12. 속 구슬이 서말이라도 꿰어야 보배다. (　　)

① 아무리 훌륭하고 좋은 것이라도 다듬고 정리해야 가치가 있음
② 쉽고 작은 일은 못하면서 더 어렵고 큰 일을 하려고 함
③ 도둑질이 가장 나쁨. 즉, 법은 도둑 때문에 생겼음
④ 아무리 많아도 쓰면 줄어듦. 아껴서 사용하라는 의미
⑤ 해줄 사람은 생각도 없는데, 이미 다 된 것처럼 미리부터 기대함

13. 속 모난 돌이 정 맞는다. (　　)

① 사소한 버릇이라도 한번 몸에 배면 고치기 어려움
② 도와주고 은혜를 베푼 사람에게 도리어 피해를 입었음
③ 말과 행동이 특출나거나 거슬리면 미움을 받음
④ 하려던 일이 실패하여 어찌할 도리가 없이 그저 쳐다만 보며 민망해함
⑤ 어떤 일이나 물건이 드문드문 있을 때 하는 말

14. 관 입이 무겁다. (　　)

① 부끄러운 일을 당하여 남을 대할 면목이 없음
② 매우 지긋지긋함을 비유하는 말
③ 눈치 없이 쓸데없는 일에 참견함
④ 아는 일을 함부로 옮기지(말하지) 않음
⑤ 다른 사람이나 물건에 대해 거듭해서 아주 좋게 말함

15. 관 누울 자리를 봐가며 발을 뻗어라. (　　)

① 눈치 없이 쓸데없는 일에 참견함
② 아직 어른이 되려면 한참 멀었음
③ 다가올 결과를 생각해가며 모든 것을 미리 살피고 일들을 처리함
④ 큰 기쁨이나 슬픔, 그리고 감격으로 마음 속이 꽉 참
⑤ 어떤 장소가 발을 디딜 수 없을 만큼 사람으로 꽉 참

어휘왕

※다음 사자성어, 속담, 관용의 올바른 의미를 쓰세요 (16-25번)

16. 사 전광석화

》

17. 사 추풍낙엽

》

18. 사 산전수전

》

19. 사 교학상장

》

20. 사 사후약방문

》

21. 속 말 안하면 귀신도 모른다.

》

22. 속 낮말은 새가 듣고, 밤 말은 쥐가 듣는다.

》

23. 속 모난 돌이 정 맞는다.

》

24. 관 머리에 피도 안 마르다.

》

25. 관 누울 자리를 봐가며 발을 뻗어라.

》

사 사자성어 속 속담 관 관용구

최종 점수 / 25

어휘활용문

※다음 어휘를 활용하여 다양한 문장을 만들어 보세요

구분	어휘	문장
사자성어	전광석화 電光石火	
사자성어	산전수전 山戰水戰	
사자성어	사후약방문 死後藥方文	
속담 · 관용구	말 안하면 귀신도 모른다.	
속담 · 관용구	모난 돌이 정 맞는다.	
속담 · 관용구	누울 자리를 봐가며 발을 뻗어라.	

사자성어	생 사 고 락 生 死 苦 樂	날 죽을 쓸 즐길 생 사 고 락
의 미	태어나고, 죽고, 괴롭고, 즐기는 일	
예 문	1. 석현이와 성환이는 **생사고락**을 함께 나눈 친구다. 2. 윤성이는 나와 **생사고락**을 함께할 만큼 가까운 사이이다.	
따라쓰기	생 사 고 락	

사자성어	백 년 대 계 百 年 大 計	일백 해 큰 셀 백 년 대 계
의 미	먼 앞날을 미리 내다보고 세우는 크고 중요한 계획	
예 문	1. 교육은 **백년대계**라고 하듯, 먼 뒷날까지 내다봐야 한다. 2. 국가의 **백년대계**는 국민의 삶과 밀접하게 연관되어 있다.	
따라쓰기	백 년 대 계	

사자성어	신 토 불 이 身 土 不 二	몸 흙 아닐 둘 신 토 불(부) 이
의 미	우리 몸과 우리가 태어난 땅은 떨어질 수 없음	
예 문	1. **신토불이**라고 했으니, 우리 몸에는 우리 농산물이 제일이다. 2. 우리 입맛에 맞는 **신토불이** 핫소스가 등장했다.	
따라쓰기	신 토 불 이	

기초필수어휘

속 담	**목구멍이 포도청이다.**
의 미	먹고 살기 위해서 안해야 될 짓까지 할 수밖에 없음
따라쓰기	목구멍이 포도청이다.

속 담	**믿는 도끼에 발등 찍힌다.**
의 미	잘되리라 믿고 있던 일이 어긋나거나 믿고 있던 사람에게 배신을 당해 오히려 해를 입음
따라쓰기	믿는 도끼에 발등 찍힌다.

관용구	**찬물을 끼얹다.**
의 미	좋은 분위기에 끼어들어 분위기를 망침
따라쓰기	찬물을 끼얹다.

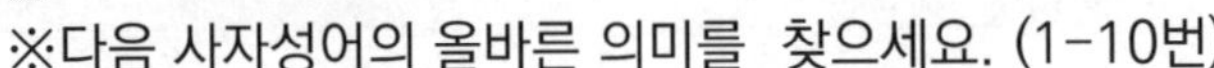

어휘왕

※다음 사자성어의 올바른 의미를 찾으세요. (1-10번)

01. 생사고락 (   )

① 늙지 않고 오래 오래 삶
② 우리 몸과 우리가 태어난 땅은 떨어질 수 없음
③ 세상에서 일어나는 온갖 일
④ 온 마음과 뜻을 다해서 노력함
⑤ 태어나고, 죽고, 괴롭고, 즐기는 일

02. 산전수전 (   )

① 봄, 여름, 가을, 겨울
② 집안이 화목하면 모든 일이 다 잘되어감
③ 세상 일의 온갖 고난을 겪은 경험을 비유함
④ 우리 몸과 우리가 태어난 땅은 떨어질 수 없음
⑤ 시기가 늦어 안타까움에 탄식함

03. 다사다난 (   )

① 모든 일에 능통한 사람
② 여러 가지로 일이 많고, 어려움도 많음
③ 세상 일의 온갖 고난을 겪은 경험을 비유함
④ 열 번 중 여덟, 아홉 번
⑤ 아주 짧은 시간이나 매우 재빠른 동작을 이르는 말

04. 백년대계 (   )

① 먼 앞날을 미리 내다보고 세우는 크고 중요한 계획
② 세상 일의 온갖 고난을 겪은 경험을 비유함
③ 묻는 말에 대해서 아주 딴판인 엉뚱한 대답
④ 하나의 질문에 하나씩 대답함
⑤ 헤아릴 수 없이 많은 사람

05. 교학상장 (   )

① 가르치고 배우면서 더불어 성장함
② 대문 앞이 시장을 이룰 만큼 붐빔
③ 일이 끝났으므로 아무 소용 없음을 이르는 말
④ 태어나고, 죽고, 괴롭고, 즐기는 일
⑤ 모든 일에 능통한 사람

06. 추풍낙엽 (   )

① 세상 일의 온갖 고난을 겪은 경험을 비유함
② 하나의 질문에 하나씩 대답함
③ 여러 가지로 일이 많고, 어려움도 많음
④ 먼 앞날을 미리 내다보고 세우는 크고 중요한 계획
⑤ 가을 바람에 떨어지는 낙엽

07. 세상만사 (   )

① 헤아릴 수 없이 많은 사람
② 모든 일이 뜻대로 잘 되어감
③ 태어나고, 죽고, 괴롭고, 즐기는 일
④ 세상에서 일어나는 온갖 일
⑤ 아주 짧은 시간이나 매우 재빠른 동작을 이르는 말

08. 신토불이 (   )

① 대문 앞이 시장을 이룰 만큼 붐빔
② 집안이 화목하면 모든 일이 다 잘되어감
③ 우리 몸과 우리가 태어난 땅은 떨어질 수 없음
④ 봄, 여름, 가을, 겨울
⑤ 가르치고 배우면서 더불어 성장함

09. 불로장생 (   )

① 헤아릴 수 없이 많은 사람
② 늙지 않고 오래 오래 삶
③ 일이 끝났으므로 아무 소용 없음을 이르는 말
④ 여러 가지로 일이 많고, 어려움도 많음
⑤ 세상 일의 온갖 고난을 겪은 경험을 비유함

10. 전심전력 (   )

① 열 번 중 여덟, 아홉 번
② 세상 일의 온갖 고난을 겪은 경험을 비유함
③ 묻는 말에 대해서 아주 딴판인 엉뚱한 대답
④ 온 마음과 뜻을 다해서 노력함
⑤ 먼 앞날을 미리 내다보고 세우는 크고 중요한 계획

어휘왕

※다음 속담과 관용구의 올바른 의미를 찾으세요 (11-15번)

사 사자성어 속 속담 관 관용구

11. 속 목구멍이 포도청이다. (   )

① 아무리 많아도 쓰면 줄어듦. 아껴서 사용하라는 의미
② 도둑질이 가장 나쁨. 즉, 법은 도둑 때문에 생겼음
③ 도와주고 은혜를 베푼 사람에게 도리어 피해를 입었음
④ 먹고 살기 위해서 안해야 될 짓까지 할 수밖에 없음
⑤ 하려던 일이 실패하여 어찌할 도리가 없이 그저 쳐다만 보며 민망해함

12. 속 남의 말 하기는 식은 죽 먹기다. (   )

① 누구나 마음속으로만 애태울 것이 아니라 말을 해야 함
② 어떤 사물을 보고 놀란 사람은 그 사물과 비슷한 것만 봐도 놀람
③ 남의 결점을 드러내기는 자기 허물을 말하기보다 쉬움
④ 말과 행동이 특출나거나 거슬리면 미움을 받음
⑤ 해줄 사람은 생각도 없는데, 이미 다 된 것처럼 미리부터 기대함

13. 속 믿는 도끼에 발등 찍힌다. (   )

① 부지런하고 성실한 사람에게 더 잘하라는 말
② 어떤 행동을 하기 전에 모든 전후 상황을 고려해야함
③ 아무도 안 듣는 데에서도 말은 조심해야 함
④ 잘되리라 믿고 있던 일이 어긋나거나 믿고 있던 사람에게 배신을 당해 해를 입음
⑤ 사소한 버릇이라도 한번 몸에 배면 고치기 어려움

14. 관 귀에 못이 박히다. (   )

① 어떤 일을 훤히 꿰뚫고 있음
② 몹시 무안을 당하거나 기가 죽어 위신이 떨어짐
③ 어떤 장소가 발을 디딜 수 없을 만큼 사람으로 꽉 참
④ 같은 말을 여러 번 들음
⑤ 마음 속에 고통과 슬픔이 크게 맺혀 있음

15. 관 찬물을 끼얹다. (   )

① 좋은 분위기에 끼어들어 분위기를 망침
② 걱정이 되어 마음이 답답하거나 마음이 쓰여 안절부절 못함
③ 손으로 슬쩍 때려도 몹시 아픔
④ 아는 일을 함부로 옮기지(말하지) 않음
⑤ 요금이나 물건 값을 실제 값보다 비싸게 지불함

어휘왕

※다음 사자성어, 속담, 관용의 올바른 의미를 쓰세요 (16-25번)

16. 사 생사고락

17. 사 공명정대

18. 사 백년대계

19. 사 전광석화

20. 사 신토불이

21. 속 목구멍이 포도청이다.

22. 속 도둑이 없으면 법도 쓸데 없다.

23. 속 믿는 도끼에 발등 찍힌다.

24. 관 오지랖이 넓다.

25. 관 찬물을 끼얹다.

사 사자성어 속 속담 관 관용구

최종 점수 / 25

어휘활용문

※다음 어휘를 활용하여 다양한 문장을 만들어 보세요

사자성어		
	생사고락 生死苦樂	
	백년대계 百年大計	
	신토불이 身土不二	

속담 · 관용구	
	목구멍이 포도청이다.
	믿는 도끼에 발등 찍힌다.
	찬물을 끼얹다.

사자성어

인 명 재 천
人 命 在 天

사람	목숨	있을	하늘
인	명	재	천

의 미

사람이 살고 죽는 것은 하늘에 달려 있음

예 문

1. **인명재천**이니 수술의 경과를 두고 봅시다.
2. 아무리 더 오래 살려고 노력해도 **인명재천**임을 알아야 한다.

따라쓰기

인 명 재 천

사자성어

일 구 이 언
一 口 二 言

하나	입	둘	말씀
일	구	이	언

의 미

한 입으로 두 말을 함

예 문

1. **일구이언**은 사내대장부가 할 말이 아니다.
2. 나는 목에 칼이 들어와도 **일구이언**은 하지 않는다.

따라쓰기

일 구 이 언

사자성어

일 장 일 단
一 長 一 短

하나	길	하나	짧을
일	장	일	단

의 미

하나는 길고 하나는 짧음. 장점도 있고 단점도 있음

예 문

1. 사람에게는 누구나 **일장일단**이 있다.
2. 두 사람의 견해는 모두 **일장일단**을 갖고 있다.

따라쓰기

일 장 일 단

속 담

바다는 매워도 사람의 욕심은 못 채운다.

의 미

사람의 욕심은 끝이 없음

따라쓰기

바다는 매워도 사람의 욕심은 못 채운다.

속 담

배부른 흥정을 한다.

의 미

되면 좋고, 안되도 크게 아쉽다거나 안타까울 것이 없는 거래를 함

따라쓰기

배부른 흥정을 한다.

관용구

바가지를 쓰다.

의 미

요금이나 물건 값을 실제 값보다 비싸게 지불함

따라쓰기

바가지를 쓰다.

어휘왕

※다음 사자성어의 올바른 의미를 찾으세요. (1-10번)

01. 인명재천 (　　)

① 헤아릴 수 없이 많은 사람
② 사람이 살고 죽는 것은 하늘에 달려 있음
③ 묻는 말에 대해 아주 딴판인 엉뚱한 대답
④ 온 마음과 뜻을 다해서 노력함
⑤ 아주 짧은 시간이나 매우 재빠른 동작을 이르는 말

02. 백년대계 (　　)

① 묻는 말에 대해 아주 딴판인 엉뚱한 대답
② 세상 일의 온갖 고난을 겪은 경험을 비유함
③ 먼 앞날을 미리 내다보고 세우는 크고 중요한 계획
④ 스스로 묻고, 스스로 대답함
⑤ 여러 차례 죽을 고비를 겪고 겨우 살아남

03. 사후약방문 (　　)

① 헤아릴 수 없이 많은 사람
② 집안이 화목하면 모든 일이 다 잘되어감
③ 사람이 살고 죽는 것은 하늘에 달려 있음
④ 일이 끝났으므로 아무 소용 없음을 이르는 말
⑤ 가을 바람에 떨어지는 낙엽

04. 일구이언 (　　)

① 모든 일에 능통한 사람
② 여러 가지로 일이 많고, 어려움도 많음
③ 가르치고 배우면서 더불어 성장함
④ 한 입으로 두 말을 함
⑤ 우리 몸과 우리가 태어난 땅은 떨어질 수 없음

05. 전광석화 (　　)

① 모든 방면, 여러 방면
② 아주 짧은 시간이나 매우 재빠른 동작을이르는 말
③ 세상에서 일어나는 온갖 일
④ 태어나고, 죽고, 괴롭고, 즐기는 일
⑤ 묻는 말에 대해 아주 딴판인 엉뚱한 대답

06. 가화만사성 (　　)

① 집안이 화목하면 모든 일이 다 잘되어감
② 여러 가지로 일이 많고, 어려움도 많음
③ 산, 내, 풀, 나무를 나타내는 말로 '자연'을 뜻함
④ 가르치고 배우면서 더불어 성장함
⑤ 한 입으로 두 말을 함

07. 공명정대 (　　)

① 열 번 중 여덟, 아홉 번
② 태어나고, 죽고, 괴롭고, 즐기는 일
③ 가르치고 배우면서 더불어 성장함
④ 마음이 공정하고 명백하여 조금도 사사로움이 없이 바름
⑤ 가을 바람에 떨어지는 낙엽

08. 일장일단 (　　)

① 하나는 길고 하나는 짧음, 장점도 있고 단점도 있다는 의미
② 모든 방면, 여러 방면
③ 헤아릴 수 없이 많은 사람
④ 여러 차례 죽을 고비를 겪고 겨우 살아남
⑤ 가을 바람에 떨어지는 낙엽

09. 문전성시 (　　)

① 세 명, 다섯 명씩 여럿이 모여 있음
② 아주 짧은 시간이나 매우 재빠른 동작을 이르는 말
③ 대문 앞이 시장을 이룰 만큼 붐빔
④ 집안이 화목하면 모든 일이 다 잘되어감
⑤ 한 입으로 두 말을 함

10. 동문서답 (　　)

① 집안이 화목하면 모든 일이 다 잘되어감
② 사람이 살고 죽는 것은 하늘에 달려 있음
③ 세상 일의 온갖 고난을 겪은 경험을 비유함
④ 가을 바람에 떨어지는 낙엽
⑤ 묻는 말에 대해서 아주 딴판인 엉뚱한 대답

※다음 속담과 관용구의 올바른 의미를 찾으세요 (11-15번)

11. 속 바다는 메워도 사람의 욕심은 못 채운다. (   )

① 하려던 일이 실패하여 어찌할 도리가 없이 그저 쳐다만 보며 민망해함
② 먹고 살기 위해서 안해야 될 짓까지 할 수밖에 없음
③ 사람의 욕심은 끝이 없음
④ 도둑질이 가장 나쁨. 즉, 법은 도둑 때문에 생겼음
⑤ 잘되리라 믿고 있던 일이 어긋나거나 믿고 있던 사람에게 배신을 당해 해를 입음

12. 속 가는 말에 채찍질한다. (   )

① 부지런하고 성실한 사람에게 더 잘하라는 말
② 도와주고 은혜를 베푼 사람에게 도리어 피해를 입음
③ 해줄 사람은 생각도 없는데, 이미 다 된 것처럼 미리부터 기대함
④ 어떤 행동을 하기 전에 모든 전후 상황을 고려해야함
⑤ 아무도 안 듣는 데에서도 말은 조심해야 함

13. 속 배부른 흥정을 한다. (   )

① 말과 행동이 특출나거나 거슬리면 미움을 받음
② 되면 좋고, 안되도 크게 아쉽다거나 안타까울 것이 없는 거래를 함
③ 어떤 일이나 물건이 드문드문 있을 때 하는 말
④ 누구나 마음속으로만 애태울 것이 아니라 말을 해야 함
⑤ 남의 결점을 드러내기는 자기 허물을 말하기보다 쉬움

14. 관 발 디딜 틈도 없다. (   )

① 좋은 분위기에 끼어들어 분위기를 망침
② 내 온 몸을 던질 만큼 어떤 일에 열중함, 가진 것을 다 바침
③ 무섭거나 놀라서 날카롭게 신경이 예민해짐
④ 어떤 장소가 발을 디딜 수 없을 만큼 사람으로 꽉 참
⑤ 아는 일을 함부로 옮기지(말하지) 않음

15. 관 바가지를 쓰다. (   )

① 아직 어른이 되려면 한참 멀었음
② 요금이나 물건 값을 실제 값보다 비싸게 지불함
③ 같은 말을 여러 번 들음
④ 몹시 무안을 당하거나 기가 죽어 위신이 떨어짐
⑤ 다가올 결과를 생각해가며 모든 것을 미리 살피고 일들을 처리함

어휘왕

※다음 사자성어, 속담, 관용의 올바른 의미를 쓰세요 (16-25번)

16. 사 인명재천

》

17. 사 다사다난

》

18. 사 일구이언

》

19. 사 생사고락

》

20. 사 일장일단

》

21. 속 바다는 메워도 사람의 욕심은 채운다.

》

22. 속 떡 줄 사람은 생각도 없는데, 김치국부터 마신다.

》

23. 속 배부른 흥정을 한다.

》

24. 관 누울 자리를 봐가며 발을 뻗어라.

》

25. 관 바가지를 쓰다.

》

사 사자성어 속 속담 관 관용구

최종 점수 / 25

어휘활용문

※다음 어휘를 활용하여 다양한 문장을 만들어 보세요

사자성어		
	인명재천 人命在天	
	일구이언 一口二言	
	일장일단 一長一短	

속담·관용구	
	바다는 매워도 사람의 욕심은 못 채운다.
	배부른 흥정을 한다.
	바가지를 쓰다.

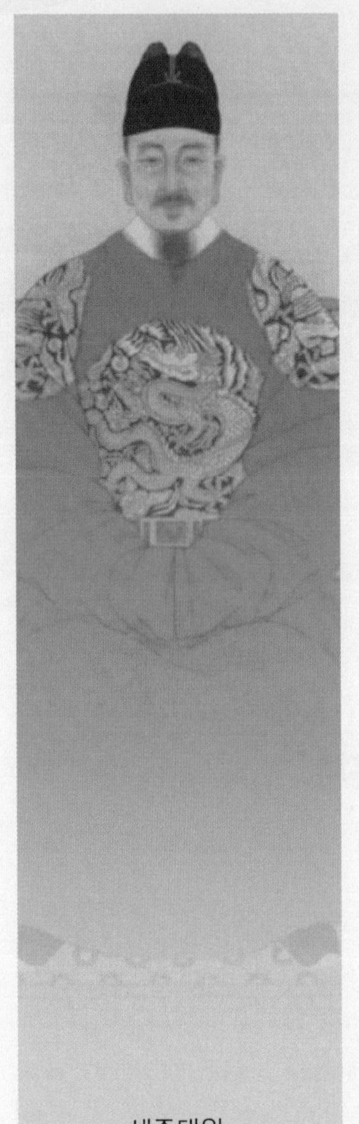

세종대왕
(1397~1450)
조선의 제4대 국왕

고기는 씹을수록 맛이 난다.

그리고 책도 읽을수록 맛이 난다.

다시 읽으면서 처음에 지나쳤던 것을 발견하고
새롭게 생각하는 것이다.

말하지만, 백 번 읽고, 백 번 익히는 셈이다.

- 세종대왕 -

10일 광장 어휘
(11-20일)

사자성어 30개
속담 20개
관용구 10개

사자성어	자 수 성 가 自 手 成 家	스스로 손 이룰 집 자 수 성 가
의 미	스스로의 힘으로 어엿하게 한 살림을 이루어 냄	
예 문	1. 그는 어려서부터 고생고생해서 **자수성가** 한 사람이다. 2. 사업에서 이룩한 **자수성가**의 경력은 신뢰감을 주었다.	
따라쓰기	자 수 성 가	

사자성어	주 야 장 천 晝 夜 長 川	낮 밤 길 내 주 야 장 천
의 미	밤,낮으로 쉬지 않음	
예 문	1. 부모님들은 **주야장천** 자식 걱정뿐이다. 2. 일도 하지 않고 **주야장천** 누워만 있으면 식구들은 어떻해!	
따라쓰기	주 야 장 천	

사자성어	작 심 삼 일 作 心 三 日	지을 마음 석 날 작 심 삼 일
의 미	마음 먹은지 3일을 못감	
예 문	1. 아들의 운동에 대한 굳은 결심이 **작심삼일**로 끝났다. 2. 민성이의 의지가 **작심삼일**이라고 얼마나 가겠니?	
따라쓰기	작 심 삼 일	

속담	**서당 개 삼 년이면 풍월을 읊는다.**
의미	무식한 사람이라도 유식한 사람과 오랫동안 같이 있으면 자연히 견문이 생기고 유식해짐
따라쓰기	서당 개 삼 년이면 풍월을 읊는다.

속담	**소도 언덕이 있어야 비빈다.**
의미	의지할 데가 있어야 무슨 일이든 할 수 있음
따라쓰기	소도 언덕이 있어야 비빈다.

관용구	**얼굴이 뜨겁다.**
의미	부끄러운 일을 당하여 남을 대할 면목이 없음
따라쓰기	얼굴이 뜨겁다.

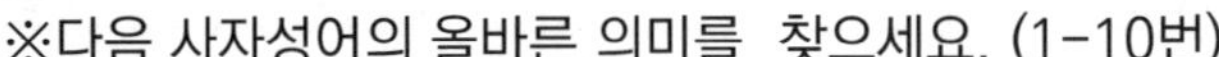

어휘왕

※다음 사자성어의 올바른 의미를 찾으세요. (1-10번)

01. 자수성가 (　　)

① 마음 먹은지 3일을 못감
② 한 입으로 두 말을 함
③ 헤아릴 수 없이 많은 사람
④ 묻는 말에 대해 아주 딴판인 엉뚱한 대답
⑤ 스스로의 힘으로 어엿하게 한 살림을 이루어 냄

02. 일구이언 (　　)

① 우리 몸과 우리가 태어난 땅은 떨어질 수 없음
② 한 입으로 두 말을 함
③ 마음 먹은지 3일을 못감
④ 가을 바람에 떨어지는 낙엽
⑤ 묻는 말에 대해 아주 딴판인 엉뚱한 대답

03. 생사고락 (　　)

① 모든 일에 능통한 사람
② 여러 가지로 일이 많고, 어려움도 많음
③ 하나는 길고 하나는 짧음, 장점도 있고 단점도 있다는 의미
④ 하나의 질문에 하나씩 대답함
⑤ 태어나고, 죽고, 괴롭고, 즐기는 일

04. 주야장천 (　　)

① 밤,낮으로 쉬지 않음
② 모든 방면, 여러 방면
③ 세 명, 다섯 명씩 여럿이 모여 있음
④ 대문 앞이 시장을 이룰 만큼 붐빔
⑤ 사람이 살고 죽는 것은 하늘에 달려 있음

05. 다사다난 (　　)

① 스스로의 힘으로 어엿하게 한 살림을 이루어 냄
② 열 번 중 여덟, 아홉 번
③ 한 입으로 두 말을 함
④ 스스로 묻고, 스스로 대답함
⑤ 여러 가지로 일이 많고, 어려움도 많음

06. 감언이설 (　　)

① 세상 일의 온갖 고난을 겪은 경험을 비유함
② 한 입으로 두 말을 함
③ 남의 비위에 맞게 꾸미거나 이로운 조건으로 꾀는 말
④ 밤,낮으로 쉬지 않음
⑤ 봄, 여름, 가을, 겨울

07. 교학상장 (　　)

① 늙지 않고 오래 오래 삶
② 사람이 살고 죽는 것은 하늘에 달려 있음
③ 여러 가지로 일이 많고, 어려움도 많음
④ 가르치고 배우면서 더불어 성장함
⑤ 스스로의 힘으로 어엿하게 한 살림을 이루어 냄

08. 작심삼일 (　　)

① 세상 일의 온갖 고난을 겪은 경험을 비유함
② 온 마음과 뜻을 다해서 노력함
③ 여러 가지로 일이 많고, 어려움도 많음
④ 일이 끝났으므로 아무 소용 없음을 이르는 말
⑤ 마음 먹은지 3일을 못감

09. 추풍낙엽 (　　)

① 헤아릴 수 없이 많은 사람
② 가을 바람에 떨어지는 낙엽
③ 태어나고, 죽고, 괴롭고, 즐기는 일
④ 여러 가지로 일이 많고, 어려움도 많음
⑤ 한 입으로 두 말을 함

10. 세상만사 (　　)

① 세상에서 일어나는 온갖 일
② 태어나고, 죽고, 괴롭고, 즐기는 일
③ 남의 비위에 맞게 꾸미거나 이로운 조건으로 꾀는 말
④ 밤,낮으로 쉬지 않음
⑤ 사람이 살고 죽는 것은 하늘에 달려 있음

어휘왕

※다음 속담과 관용구의 올바른 의미를 찾으세요 (11-15번)

사 사자성어 속 속담 관 관용구

11. 속 서당 개 삼 년이면 풍월을 읊는다. (　　)

① 아무리 훌륭하고 좋은 것이라도 다듬고 정리해야 가치가 있음
② 무식한 사람이라도 유식한 사람과 오랫동안 같이 있으면 자연히 견문이 생기고 유식해짐
③ 누구나 마음속으로만 애태울 것이 아니라 말을 해야 힘
④ 되면 좋고, 안되도 크게 아쉽다거나 안타까울 것이 없는 거래를 함
⑤ 하려던 일이 실패하여 어찌할 도리가 없이 그저 쳐다만 보며 민망해함

12. 속 돌다리도 두드려 보고 건너라 (　　)

① 말과 행동이 특출나거나 거슬리면 미움을 받음
② 남의 결점을 드러내기는 자기 허물을 말하기보다 쉬움
③ 사람의 욕심은 끝이 없음
④ 어떤 행동을 하기 전에 모든 전후 상황을 고려해야함
⑤ 먹고 살기 위해서 안해야 될 짓까지 할 수밖에 없음

13. 속 소도 언덕이 있어야 비빈다. (　　)

① 의지할 데가 있어야 무슨 일이든 할 수 있음
② 도둑질이 가장 나쁨. 즉, 법은 도둑 때문에 생겼음
③ 해줄 사람은 생각도 없는데, 이미 다 된 것처럼 미리부터 기대함
④ 잘되리라 믿고 있던 일이 어긋나거나 믿고 있던 사람에게 배신을 당해 해를 입음
⑤ 어떤 사물을 보고 놀란 사람은 그 사물과 비슷한 것만 봐도 놀람

14. 관 머리에 피도 안마르다. (　　)

① 매우 지긋지긋함을 비유하는 말
② 같은 말을 여러 번 들음
③ 다가올 결과를 생각해가며 모든 것을 미리 살피고 일들을 처리함
④ 눈치 없이 쓸데없는 일에 참견함
⑤ 아직 어른이 되려면 한참 멀었음

15. 관 얼굴이 뜨겁다. (　　)

① 마음 속에 고통과 슬픔이 크게 맺혀 있음
② 어떤 장소가 발을 디딜 수 없을 만큼 사람으로 꽉 참
③ 부끄러운 일을 당하여 남을 대할 면목이 없음
④ 걱정이 되어 마음이 답답하거나 마음이 쓰여 안절부절 못함
⑤ 아직 어른이 되려면 한참 멀었음

어휘왕

※다음 사자성어, 속담, 관용의 올바른 의미를 쓰세요 (16-25번)

16. 사 자수성가

17. 사 산전수전

18. 사 주야장천

19. 사 일장일단

20. 사 작심삼일

21. 속 서당 개 삼 년이면 풍월을 읊는다.

22. 속 모난 돌이 정 맞는다.

23. 속 소도 언덕이 있어야 비빈다.

24. 관 찬물을 끼얹다.

25. 관 얼굴이 뜨겁다.

사 사자성어　속 속담　관 관용구

최종 점수 / 25

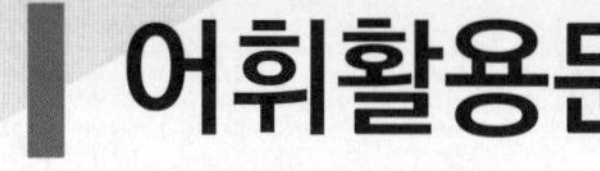

어휘활용문

※다음 어휘를 활용하여 다양한 문장을 만들어 보세요

구분	어휘	문장
사자성어	자수성가 自手成家	
	주야장천 晝夜長川	
	작심삼일 作心三日	
속담 · 관용구	서당 개 삼 년이면 풍월을 읊는다.	
	소도 언덕이 있어야 비빈다.	
	얼굴이 뜨겁다.	

사자성어	견 문 일 치 見 聞 一 致	볼 견 / 들을 문 / 하나 일 / 이를 치
의 미	본 것과 들은 것이 서로 같음	
예 문	1. 과연 그 관광지는 **견문일치** 했다. 2. **견문일치**하는 여행지는 그리 많지 않다.	
따라쓰기	견 문 일 치	

사자성어	금 시 초 문 今 始 初 聞	이제 금 / 처음 시 / 처음 초 / 들을 문
의 미	이제야 처음 듣는 말	
예 문	1. 이번주에 시험이 있다니? **금시초문**인걸? 2. 현철이가 하는 모든 말은 **금시초문**이야.	
따라쓰기	금 시 초 문	

사자성어	동 고 동 락 同 苦 同 樂	같을 동 / 쓸 고 / 같을 동 / 즐길 락
의 미	고통과 즐거움을 서로 같이 보냄	
예 문	1. 우리는 평생 동안 **동고동락**하기로 맹세했다. 2. 군대에서 오랜 세월 **동고동락**한 사람을 전우라고 한다.	
따라쓰기	동 고 동 락	

속 담	**얌전한 고양이가 부뚜막에 먼저 올라간다.**
의 미	겉보기에는 조신해 보여도 그 속은 오히려 엉큼한 경우가 많음
따라쓰기	얌전한 고양이가 부뚜막에 먼저 올라간다.

속 담	**열 번 찍어 안 넘어가는 나무 없다.**
의 미	꾸준히 지속적으로 노력하면 결국 얻거나 이룸
따라쓰기	열 번 찍어 안 넘어가는 나무 없다.

관용구	**머리털이 곤두서다.**
의 미	무섭거나 놀라서 날카롭게 신경이 예민해짐
따라쓰기	머리털이 곤두서다.

어휘왕

※다음 사자성어의 올바른 의미를 찾으세요. (1-10번)

01. 견문일치 ( )

① 밤,낮으로 쉬지 않음
② 이제야 처음 듣는 말
③ 고통과 즐거움을 서로 같이 보냄
④ 본 것과 들은 것이 서로 같음
⑤ 여러 차례 죽을 고비를 겪고 겨우 살아남

02. 인명재천 ( )

① 하나의 질문에 하나씩 대답함
② 한 입으로 두 말을 함
③ 스스로의 힘으로 어엿하게 한 살림을 이루어 냄
④ 사람이 살고 죽는 것은 하늘에 달려 있음
⑤ 온 마음과 뜻을 다해서 노력함

03. 백년대계 ( )

① 여러 가지로 일이 많고, 어려움도 많음
② 마음 먹은지 3일을 못감
③ 먼 앞날을 미리 내다보고 세우는 크고 중요한 계획
④ 묻는 말에 대해 아주 딴판인 엉뚱한 대답
⑤ 태어나고, 죽고, 괴롭고, 즐기는 일

04. 금시초문 ( )

① 이제야 처음 듣는 말
② 집안이 화목하면 모든 일이 다 잘되어감
③ 하나는 길고 하나는 짧음, 장점도 있고 단점도 있다는 의미
④ 고통과 즐거움을 서로 같이 보냄
⑤ 본 것과 들은 것이 서로 같음

05. 사후약방문 ( )

① 모든 방면, 여러 방면
② 일이 끝났으므로 아무 소용 없음을 이르는 말
③ 세상 일의 온갖 고난을 겪은 경험을 비유함
④ 사람이 살고 죽는 것은 하늘에 달려 있음
⑤ 가르치고 배우면서 더불어 성장함

06. 전광석화 ( )

① 모든 일에 능통한 사람
② 헤아릴 수 없이 많은 사람
③ 마음 먹은지 3일을 못감
④ 아주 짧은 시간이나 매우 재빠른 동작을이르는 말
⑤ 가을 바람에 떨어지는 낙엽

07. 공명정대 ( )

① 가르치고 배우면서 더불어 성장함
② 태어나고, 죽고, 괴롭고, 즐기는 일
③ 여러 차례 죽을 고비를 겪고 겨우 살아남
④ 본 것과 들은 것이 서로 같음
⑤ 마음이 공정하고 명백하여 조금도 사사로움이 없이 바름

08. 동고동락 ( )

① 이제야 처음 듣는 말
② 밤,낮으로 쉬지 않음
③ 고통과 즐거움을 서로 같이 보냄
④ 한 입으로 두 말을 함
⑤ 먼 앞날을 미리 내다보고 세우는 크고 중요한 계획

09. 인산인해 ( )

① 한 입으로 두 말을 함
② 세상에서 일어나는 온갖 일
③ 스스로의 힘으로 어엿하게 한 살림을 이루어 냄
④ 헤아릴 수 없이 많은 사람
⑤ 세상 일의 온갖 고난을 겪은 경험을 비유함

10. 춘하추동 ( )

① 봄, 여름, 가을, 겨울
② 가을 바람에 떨어지는 낙엽
③ 여러 가지로 일이 많고, 어려움도 많음
④ 밤,낮으로 쉬지 않음
⑤ 먼 앞날을 미리 내다보고 세우는 크고 중요한 계획

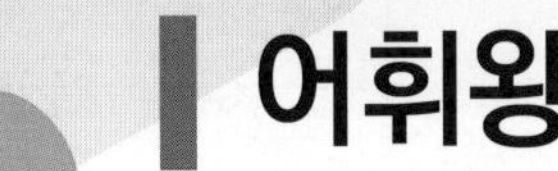

어휘왕

※다음 속담과 관용구의 올바른 의미를 찾으세요 (11-15번)

사 사자성어 속 속담 관 관용구

11. 속 얌전한 고양이가 부뚜막에 먼저 올라간다. (　　)

① 어떤 행동을 하기 전에 모든 전후 상황을 고려해야함
② 겉보기에는 조신해 보여도 그 속은 오히려 엉큼한 경우가 많음
③ 말과 행동이 특출나거나 거슬리면 미움을 받음
④ 의지할 데가 있어야 무슨 일이든 할 수 있음
⑤ 하려던 일이 실패하여 어찌할 도리가 없이 그저 쳐다만 보며 민망해함

12. 속 말 안하면 귀신도 모른다. (　　)

① 누구나 마음속으로만 애태울 것이 아니라 말을 해야 함
② 무식한 사람이라도 유식한 사람과 오랫동안 같이 있으면 자연히 견문이 생기고 유식해짐
③ 해줄 사람은 생각도 없는데, 이미 다 된 것처럼 미리부터 기대함
④ 잘되리라 믿고 있던 일이 어긋나거나 믿고 있던 사람에게 배신을 당해 해를 입음
⑤ 먹고 살기 위해서 안해야 될 짓까지 할 수밖에 없음

13. 속 열 번 찍어 안 넘어가는 나무 없다. (　　)

① 되면 좋고, 안되도 크게 아쉽다거나 안타까울 것이 없는 거래를 함
② 아무도 안 듣는 데에서도 말은 조심해야 함
③ 사람의 욕심은 끝이 없음
④ 꾸준히 지속적으로 노력하면 결국 얻거나 이룸
⑤ 도와주고 은혜를 베푼 사람에게 도리어 피해를 입었음

14. 관 오지랖이 넓다. (　　)

① 다른 사람이나 물건에 대해 거듭해서 아주 좋게 말함
② 눈치 없이 쓸데없는 일에 참견함
③ 다가올 결과를 생각해가며 모든 것을 미리 살피고 일들을 처리함
④ 어떤 일이나 분위기, 상황, 생각 등을 이치나 논리에 맞게 바로 잡음
⑤ 아직 어른이 되려면 한참 멀었음

15. 관 머리털이 곤두서다. (　　)

① 좋은 분위기에 끼어들어 분위기를 망침
② 부끄러운 일을 당하여 남을 대할 면목이 없음
③ 어떤 장소가 발을 디딜 수 없을 만큼 사람으로 꽉 참
④ 함께 일을 하는 데에 마음이나 의견, 행동 따위가 맞음
⑤ 무섭거나 놀라서 날카롭게 신경이 예민해짐

어휘왕

※다음 사자성어, 속담, 관용의 올바른 의미를 쓰세요 (16-25번)

16. 사 견문일치

17. 사 백년대계

18. 사 금시초문

19. 사 자수성가

20. 사 동고동락

21. 속 얌전한 고양이가 부뚜막에 먼저 올라간다.

22. 속 믿는 도끼에 발등 찍힌다.

23. 속 열 번 찍어 안 넘어가는 나무 없다.

24. 관 바가지를 쓰다.

25. 관 머리털이 곤두서다.

사 사자성어 속 속담 관 관용구

최종 점수 / 25

어휘활용문

※다음 어휘를 활용하여 다양한 문장을 만들어 보세요

구분	어휘	
사자성어	견문일치 見聞一致	
사자성어	금시초문 今始初聞	
사자성어	동고동락 同苦同樂	
속담 · 관용구	얌전한 고양이가 부뚜막에 먼저 올라간다.	
속담 · 관용구	열 번 찍어 안 넘어가는 나무 없다.	
속담 · 관용구	머리털이 곤두서다.	

사자성어

견 물 생 심
見 物 生 心

볼	만물	날	마음
견	물	생	심

의 미
좋은 물건을 보면 갖고 싶은 마음이 생김

예 문
1. 광고는 **견물생심**으로 소비를 유도하는 측면이 있다.
2. 그 아이가 도둑이라니, **견물생심**이라는 옛말이 맞구나!

따라쓰기

견 물 생 심		

사자성어

각 주 구 검
刻 舟 求 劍

새길	배	구할	칼
각	주	구	검

의 미
융통성 없고 어리석은 사람

예 문
1. 시간을 허송세월 보내면 **각주구검**같은 사람과 다름없다.
2. **각주구검**을 되풀이한다면 결국 가난해진다.

따라쓰기

각 주 구 검		

사자성어

만 고 불 변
萬 古 不 變

일만	옛	아닐	변할
만	고	불(부)	변

의 미
오랜 세월이 지나도 변하지 않음

예 문
1. 새벽녘의 바다는 **만고불변**의 아름다움을 자아낸다.
2. 구구단은 **만고불변**의 계산식이다.

따라쓰기

만 고 불 변		

속 담	**원수는 외나무 다리에서 만난다.**
의 미	남에게 악한 일을 하면 그 죄를 받을 때가 반드시 옴
따라쓰기	원수는 외나무 다리에서 만난다.

속 담	**저 먹자니 싫고 남 주자니 아깝다.**
의 미	몹시 인색하고 욕심이 많음
따라쓰기	저 먹자니 싫고 남 주자니 아깝다.

관용구	**눈 깜짝할 사이!**
의 미	매우 짧은 순간!
따라쓰기	눈 깜짝할 사이!

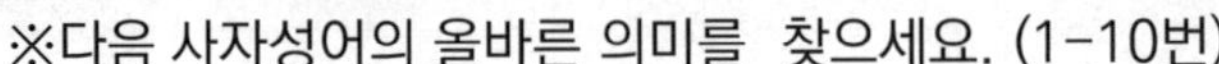

어휘왕

※다음 사자성어의 올바른 의미를 찾으세요. (1-10번)

01. 견물생심 ( )

① 오랜 세월이 지나도 변하지 않음
② 집안이 화목하면 모든 일이 다 잘되어감
③ 여러 가지로 일이 많고, 어려움도 많음
④ 일이 끝났으므로 아무 소용 없음을 이르는 말
⑤ 좋은 물건을 보면 갖고 싶은 마음이 생김

02. 금시초문 ( )

① 모든 방면, 여러 방면
② 이제야 처음 듣는 말
③ 오랜 세월이 지나도 변하지 않음
④ 하나는 길고 하나는 짧음, 장점도 있고 단점도 있다는 의미
⑤ 태어나고, 죽고, 괴롭고, 즐기는 일

03. 자수성가 ( )

① 대문 앞이 시장을 이룰 만큼 붐빔
② 하나의 질문에 하나씩 대답함
③ 세상 일의 온갖 고난을 겪은 경험을 비유함
④ 사람이 살고 죽는 것은 하늘에 달려 있음
⑤ 스스로의 힘으로 어엿하게 한 살림을 이루어 냄

04. 각주구검 ( )

① 온 마음과 뜻을 다해서 노력함
② 융통성 없고 어리석은 사람을 비유함
③ 묻는 말에 대해서 아주 딴판인 엉뚱한 대답
④ 스스로의 힘으로 어엿하게 한 살림을 이루어 냄
⑤ 밤,낮으로 쉬지 않음

05. 신토불이 ( )

① 우리 몸과 우리가 태어난 땅은 떨어질 수 없음
② 사람이 살고 죽는 것은 하늘에 달려 있음
③ 여러 차례 죽을 고비를 겪고 겨우 살아남
④ 좋은 물건을 보면 갖고 싶은 마음이 생김
⑤ 태어나고, 죽고, 괴롭고, 즐기는 일

06. 생사고락 ( )

① 열 번 중 여덟, 아홉 번
② 융통성 없고 어리석은 사람을 비유함
③ 태어나고, 죽고, 괴롭고, 즐기는 일
④ 세 명, 다섯 명씩 여럿이 모여 있음
⑤ 가르치고 배우면서 더불어 성장함

07. 산전수전 ( )

① 세상에서 일어나는 온갖 일
② 밤,낮으로 쉬지 않음
③ 가을 바람에 떨어지는 낙엽
④ 세상 일의 온갖 고난을 겪은 경험을 비유함
⑤ 늙지 않고 오래 오래 삶

08. 만고불변 ( )

① 우리 몸과 우리가 태어난 땅은 떨어질 수 없음
② 여러 가지로 일이 많고, 어려움도 많음
③ 좋은 물건을 보면 갖고 싶은 마음이 생김
④ 헤아릴 수 없이 많은 사람
⑤ 오랜 세월이 지나도 변하지 않음

09. 교학상장 ( )

① 모든 일에 능통한 사람
② 스스로 묻고, 스스로 대답함
③ 가르치고 배우면서 더불어 성장함
④ 세상 일의 온갖 고난을 겪은 경험을 비유함
⑤ 우리 몸과 우리가 태어난 땅은 떨어질 수 없음

10. 감언이설 ( )

① 여러 가지로 일이 많고, 어려움도 많음
② 남의 비위에 맞게 꾸미거나 이로운 조건으로 꾀는 말
③ 이제야 처음 듣는 말
④ 한 입으로 두 말을 함
⑤ 융통성 없고 어리석은 사람을 비유함

※다음 속담과 관용구의 올바른 의미를 찾으세요 (11-15번)

사 사자성어 속 속담 관 관용구

11. 속 원수는 외나무 다리에서 만난다. (　　)

① 어떤 사물을 보고 놀란 사람은 그 사물과 비슷한 것만 봐도 놀람
② 의지할 데가 있어야 무슨 일이든 할 수 있음
③ 아무도 안 듣는 데에서도 말은 조심해야 함
④ 도와주고 은혜를 베푼 사람에게 도리어 피해를 입었음
⑤ 남에게 악한 일을 하면 그 죄를 받을 때가 반드시 옴

12. 속 목구멍이 포도청이다. (　　)

① 먹고 살기 위해서 안해야 될 짓까지 할 수밖에 없음
② 꾸준히 지속적으로 노력하면 결국 얻거나 이룸
③ 도둑질이 가장 나쁨. 즉, 법은 도둑 때문에 생겼음
④ 되면 좋고, 안되도 크게 아쉽다거나 안타까울 것이 없는 거래를 함
⑤ 해줄 사람은 생각도 없는데, 이미 다 된 것처럼 미리부터 기대함

13. 속 저 먹자니 싫고 남 주자니 아깝다. (　　)

① 말과 행동이 특출나거나 거슬리면 미움을 받음
② 몹시 인색하고 욕심이 많음
③ 어떤 일이나 물건이 드문드문 있을 때 하는 말
④ 잘되리라 믿고 있던 일이 어긋나거나 믿고 있던 사람에게 배신을 당해 해를 입음
⑤ 쉽고 작은 일은 못하면서 더 어렵고 큰 일을 하려고 함

14. 관 누울 자리를 봐가며 발을 뻗어라 (　　)

① 요금이나 물건 값을 실제 값보다 비싸게 지불함
② 같은 말을 여러 번 들음
③ 다가올 결과를 생각해가며 모든 것을 미리 살피고 일들을 처리함
④ 다른 사람이나 물건에 대해 거듭해서 아주 좋게 말함
⑤ 아직 어른이 되려면 한참 멀었음

15. 관 눈 깜짝할 사이 (　　)

① 눈치 없이 쓸데없는 일에 참견함
② 매우 짧은 순간
③ 어떤 장소가 발을 디딜 수 없을 만큼 사람으로 꽉 참
④ 아는 일을 함부로 옮기지(말하지) 않음
⑤ 무섭거나 놀라서 날카롭게 신경이 예민해짐

어휘왕

※다음 사자성어, 속담, 관용의 올바른 의미를 쓰세요 (16-25번)

16. 사 견물생심

»

17. 사 일구이언

»

18. 사 각주구검

»

19. 사 견문일치

»

20. 사 만고불변

»

21. 속 원수는 외나무 다리에서 만난다.

»

22. 속 배부른 흥정을 한다.

»

23. 속 저 먹자니 싫고 남 주자니 아깝다.

»

24. 관 얼굴이 뜨겁다.

»

25. 관 눈 깜짝할 사이!

»

사 사자성어 속 속담 관 관용구

최종 점수 / 25

어휘활용문

※다음 어휘를 활용하여 다양한 문장을 만들어 보세요

구분	어휘	
사자성어	견물생심 見物生心	
	각주구검 刻舟求劍	
	만고불변 萬古不變	
속담 · 관용구	원수는 외나무 다리에서 만난다.	
	저 먹자니 싫고 남 주자니 아깝다.	
	눈 깜짝할 사이	

사자성어

산해진미 山海珍味

뫼	바다	보배	맛
산	해	진	미

의 미: 산과 바다에서 나오는 귀한 재료로 만든 음식

예 문:
1. 강릉 바다의 횟집들의 음식은 **산해진미**로 풍성하다.
2. **산해진미**가 있어봐야 머하니? 이가 있어야 먹지!

따라쓰기: 산 해 진 미

사자성어

자승자박 自繩自縛

스스로	노끈	스스로	얽을
자	승	자	박

의 미: 스스로 자신을 끈으로 묶음. 자신이 한 말이나 행동으로 곤경에 처함

예 문:
1. 급하게 하는 말이나 결정으로 **자승자박**하는 경우가 있다.
2. 매일 놀기만 하는 것은 인생에 대한 **자승자박**이다.

따라쓰기: 자 승 자 박

사자성어

탁상공론 卓上空論

높을	윗	빌	논할
탁	상	공	론

의 미: 책상에 앉아 여럿이 의논만 함. 현실이 반영되지 않은 허황된 논의

예 문:
1. 주안이의 효율적인 운동에 대한 의견은 **탁상공론**일 뿐이다.
2. 실천이 따르지 않는 이론은 **탁상공론**일 뿐이다.

따라쓰기: 탁 상 공 론

속담	취구멍에도 볕 들 날이 있다.
의미	몹시 고생하는 삶도 운수 좋은 날이 이를 수 있음
따라쓰기	쥐구멍에도 볕 들 날이 있다.

속담	집에서 새는 바가지 밖에서도 샌다.
의미	본래의 천성이 좋지 않은 사람은 어디 가든지 똑같음
따라쓰기	집에서 새는 바가지 밖에서도 샌다.

관용구	입에서 신물이 난다.
의미	매우 지긋지긋함을 비유하는 말
따라쓰기	입에서 신물이 난다.

어휘왕

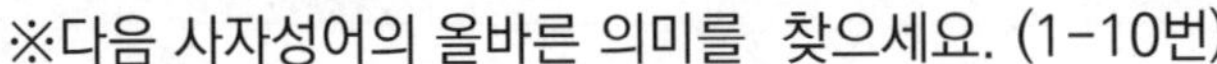

※다음 사자성어의 올바른 의미를 찾으세요. (1-10번)

01. 산해진미 ( )

① 마음 먹은지 3일을 못감
② 이제야 처음 듣는 말
③ 오랜 세월이 지나도 변하지 않음
④ 산과 바다에서 나오는 귀한 재료로 만든 음식
⑤ 여러 가지로 일이 많고, 어려움도 많음

02. 각주구검 ( )

① 한 입으로 두 말을 함
② 세상 일의 온갖 고난을 겪은 경험을 비유함
③ 융통성 없고 어리석은 사람을 비유함
④ 책상에 앉아 여럿이 의논만 함, 현실이 반영되지 않은 허황된 논의
⑤ 모든 일에 능통한 사람

03. 동고동락 ( )

① 집안이 화목하면 모든 일이 다 잘되어감
② 태어나고, 죽고, 괴롭고, 즐기는 일
③ 오랜 세월이 지나도 변하지 않음
④ 고통과 즐거움을 서로 같이 보냄
⑤ 스스로의 힘으로 어엿하게 한 살림을 이루어 냄

04. 자승자박 ( )

① 묻는 말에 대해 아주 딴판인 엉뚱한 대답
② 이제야 처음 듣는 말
③ 스스로 자신을 끈으로 묶음, 자신이 한 말이나 행동으로 곤경에 처함
④ 하나의 질문에 하나씩 대답함
⑤ 사람이 살고 죽는 것은 하늘에 달려 있음

05. 견문일치 ( )

① 본 것과 들은 것이 서로 같음
② 여러 가지로 일이 많고, 어려움도 많음
③ 오랜 세월이 지나도 변하지 않음
④ 밤,낮으로 쉬지 않음
⑤ 산과 바다에서 나오는 귀한 재료로 만든 음식

06. 구사일생 ( )

① 태어나고, 죽고, 괴롭고, 즐기는 일
② 스스로 자신을 끈으로 묶음, 자신이 한 말이나 행동으로 곤경에 처함
③ 마음 먹은지 3일을 못감
④ 오랜 세월이 지나도 변하지 않음
⑤ 여러 차례 죽을 고비를 겪고 겨우 살아남

07. 전광석화 ( )

① 사람이 살고 죽는 것은 하늘에 달려 있음
② 본 것과 들은 것이 서로 같음
③ 고통과 즐거움을 서로 같이 보냄
④ 가을 바람에 떨어지는 낙엽
⑤ 아주 짧은 시간이나 매우 재빠른 동작을 이르는 말

08. 탁상공론 ( )

① 가르치고 배우면서 더불어 성장함
② 밤,낮으로 쉬지 않음
③ 여러 차례 죽을 고비를 겪고 겨우 살아남
④ 헤아릴 수 없이 많은 사람
⑤ 책상에 앉아 여럿이 의논만 함, 현실이 반영되지 않은 허황된 논의

09. 백년대계 ( )

① 오랜 세월이 지나도 변하지 않음
② 세상 일의 온갖 고난을 겪은 경험을 비유함
③ 먼 앞날을 미리 내다보고 세우는 크고 중요한 계획
④ 융통성 없고 어리석은 사람을 비유함
⑤ 헤아릴 수 없이 많은 사람

10. 공명정대 ( )

① 마음 먹은지 3일을 못감
② 여러 가지로 일이 많고, 어려움도 많음
③ 한 입으로 두 말을 함
④ 마음이 공정하고 명백하여 조금도 사사로움이 없이 바름
⑤ 이제야 처음 듣는 말

어휘왕

※다음 속담과 관용구의 올바른 의미를 찾으세요 (11-15번)

사 사자성어 속 속담 관 관용구

11. 속 쥐구멍에도 볕 들 날이 있다. (　　)

① 몹시 고생하는 삶도 운수 좋은 날이 이를 수 있음
② 먹고 살기 위해서 안해야 될 짓까지 할 수밖에 없음
③ 사소한 버릇이라도 한번 몸에 배면 고치기 어려움
④ 남에게 악한 일을 하면 그 죄를 받을 때가 반드시 옴
⑤ 아무리 많아도 쓰면 줄어듬. 아껴서 사용하라는 의미

12. 속 바다는 매워도 사람의 욕심은 못 채운다. (　　)

① 아무리 훌륭하고 좋은 것이라도 다듬고 정리해야 가치가 있음
② 누구나 마음속으로만 애태울 것이 아니라 말을 해야 함
③ 몹시 인색하고 욕심이 많음
④ 사람의 욕심은 끝이 없음
⑤ 겉보기에는 조신해 보여도 그 속은 오히려 엉큼한 경우가 많음

13. 속 집에서 새는 바가지 밖에서도 샌다. (　　)

① 남의 결점을 드러내기는 자기 허물을 말하기보다 쉬움
② 무식한 사람이라도 유식한 사람과 오랫동안 같이 있으면 자연히 견문이 생기고 유식해짐
③ 어떤 행동을 하기 전에 모든 전후 상황을 고려해야함
④ 본래의 천성이 좋지 않은 사람은 어디 가든지 똑같음
⑤ 하려던 일이 실패하여 어찌할 도리가 없이 그저 쳐다만 보며 민망해함

14. 관 찬물을 끼얹다. (　　)

① 아는 일을 함부로 옮기지(말하지) 않음
② 매우 짧은 순간
③ 어떤 장소가 발을 디딜 수 없을 만큼 사람으로 꽉 참
④ 좋은 분위기에 끼어들어 분위기를 망침
⑤ 나이가 들어 머리가 희끗희끗해짐

15. 관 입에서 신물이 난다. (　　)

① 매우 지긋지긋함을 비유하는 말
② 좋은 분위기에 끼어들어 분위기를 망침
③ 다른 사람이나 물건에 대해 거듭해서 아주 좋게 말함
④ 아직 어른이 되려면 한참 멀었음
⑤ 다가올 결과를 생각해가며 모든 것을 미리 살피고 일들을 처리함

어휘왕

※다음 사자성어, 속담, 관용의 올바른 의미를 쓰세요 (16-25번)

16. 사 산해진미

17. 사 작심삼일

18. 사 자승자박

19. 사 신토불이

20. 사 탁상공론

21. 속 쥐구멍에도 볕 들 날이 있다.

22. 속 소도 언덕이 있어야 비빈다.

23. 속 집에서 새는 바가지 밖에서도 샌다.

24. 관 머리털이 곤두서다.

25. 관 입에서 신물이 난다.

최종 점수 / 25

어휘활용문

※다음 어휘를 활용하여 다양한 문장을 만들어 보세요

사자성어		
	산해진미 山海珍味	
	자승자박 自繩自縛	
	탁상공론 卓上空論	

속담 · 관용구	
	쥐구멍에도 볕 들 날이 있다.
	집에서 새는 바가지 밖에서도 샌다.
	입에서 신물이 난다.

사자성어	감 탄 고 토 甘 呑 苦 吐	달 감	삼킬 탄	쓸 고	토할 토
의 미	달면 삼키고, 쓰면 뱉음				
예 문	1. 사람을 사귀다 보면 **감탄고토**같은 사람도 만난다. 2. 정치인들이 보이는 **감탄고토**의 자세에 실망이 크다.				
따라쓰기	감 탄 고 토				

사자성어	갑 론 을 박 甲 論 乙 駁	갑옷 갑	논할 론	새 을	논박할 박
의 미	여러 사람이 서로 자신의 주장을 내세우며 상대편의 주장을 반박함				
예 문	1. 그 문제는 여러 사람의 **갑론을박**으로 쉽게 결론이 나지 않는다. 2. 하준이는 나와 공부에 대해서 **갑론을박**하기 힘들어한다.				
따라쓰기	갑 론 을 박				

사자성어	만 사 형 통 萬 事 亨 通	일만 만	일 사	형통할 형	통할 통
의 미	모든 일이 뜻대로 잘 되어감				
예 문	1. 재희가 하는 일이면 모두 **만사형통**이다. 2. 이번 시험에서 영어만 좋은 점수 받으면 **만사형통**일텐데~				
따라쓰기	만 사 형 통				

1일 2일 3일 4일 5일 6일 7일 8일 9일 10일 11일 12일 13일 14일 15일 16일 17일 18일 19일 20일 정답

속 담 **천리 길도 한 걸음부터다.**

의 미 아무리 큰 일이라도 처음에는 작은 일부터 시작됨

따라쓰기 천리 길도 한 걸음부터다.

속 담 **콩 심은데 콩 나고, 팥 심은 데 팥 난다.**

의 미 모든 일은 원인에 따라 결과가 생김

따라쓰기 콩 심은데 콩 나고, 팥 심은 데 팥 난다.

관용구 **입을 모으다.**

의 미 여러 사람이 같은 의견을 말함

따라쓰기 입을 모으다.

어휘왕

※다음 사자성어의 올바른 의미를 찾으세요. (1-10번)

01. 감탄고토 ( )

① 오랜 세월이 지나도 변하지 않음
② 세상 일의 온갖 고난을 겪은 경험을 비유함
③ 달면 삼키고, 쓰면 뱉음
④ 여러 사람이 서로 자신의 주장을 내세우며 상대편의 주장을 반박함
⑤ 세 명, 다섯 명씩 여럿이 모여 있음

02. 자승자박 ( )

① 여러 가지로 일이 많고, 어려움도 많음
② 모든 일이 뜻대로 잘 되어감
③ 본 것과 들은 것이 서로 같음
④ 세상 일의 온갖 고난을 겪은 경험을 비유함
⑤ 스스로 자신을 끈으로 묶음, 자신이 한 말이나 행동으로 곤경에 처함

03. 만고불변 ( )

① 융통성 없고 어리석은 사람을 비유함
② 오랜 세월이 지나도 변하지 않음
③ 밤,낮으로 쉬지 않음
④ 온 마음과 뜻을 다해서 노력함
⑤ 스스로의 힘으로 어엿하게 한 살림을 이루어 냄

04. 갑론을박 ( )

① 묻는 말에 대해 아주 딴판인 엉뚱한 대답
② 본 것과 들은 것이 서로 같음
③ 사람이 살고 죽는 것은 하늘에 달려 있음
④ 여러 사람이 서로 자신의 주장을 내세우며 상대편의 주장을 반박함
⑤ 하나의 질문에 하나씩 대답함

05. 금시초문 ( )

① 이제야 처음 듣는 말
② 개와 원숭이 사이의 관계라는 뜻으로, 서로 관계가 아주 나쁜 사이
③ 융통성 없고 어리석은 사람을 비유함
④ 고통과 즐거움을 서로 같이 보냄
⑤ 모든 일이 뜻대로 잘 되어감

06. 자수성가 ( )

① 모든 일이 뜻대로 잘 되어감
② 스스로의 힘으로 어엿하게 한 살림을 이루어 냄
③ 오랜 세월이 지나도 변하지 않음
④ 이제야 처음 듣는 말
⑤ 몹시 두려워 벌벌 떨며 조심함

07. 일구이언 ( )

① 좋은 물건을 보면 갖고 싶은 마음이 생김
② 달면 삼키고, 쓰면 뱉음
③ 여러 차례 죽을 고비를 겪고 겨우 살아남
④ 한 입으로 두 말을 함
⑤ 여러 사람이 서로 자신의 주장을 내세우며 상대편의 주장을 반박함

08. 만사형통 ( )

① 모든 일에 능통한 사람
② 모든 일이 뜻대로 잘 되어감
③ 스스로 묻고, 스스로 대답함
④ 여러 차례 죽을 고비를 겪고 겨우 살아남
⑤ 어진 임금이 다스리는 평안한 세상이나 시대

09. 백년대계 ( )

① 마음 먹은지 3일을 못감
② 고통과 즐거움을 서로 같이 보냄
③ 세상에서 일어나는 온갖 일
④ 모든 일이 뜻대로 잘 되어감
⑤ 먼 앞날을 미리 내다보고 세우는 크고 중요한 계획

10. 생사고락 ( )

① 태어나고, 죽고, 괴롭고, 즐기는 일
② 좋은 물건을 보면 갖고 싶은 마음이 생김
③ 달면 삼키고, 쓰면 뱉음
④ 오랜 세월이 지나도 변하지 않음
⑤ 산과 바다에서 나오는 귀한 재료로 만든 음식

어휘왕

※다음 속담과 관용구의 올바른 의미를 찾으세요 (11-15번)

사 사자성어 속 속담 관 관용구

11. 속 천리 길도 한 걸음부터다. (   )

① 하려던 일이 실패하여 어찌할 도리가 없이 그저 쳐다만 보며 민망해함
② 되면 좋고, 안되도 크게 아쉽다거나 안타까울 것이 없는 거래를 함
③ 부지런하고 성실한 사람에게 더 잘하라는 말
④ 아무리 큰 일이라도 처음에는 작은 일부터 시작됨
⑤ 본래의 천성이 좋지 않은 사람은 어디 가든지 똑같음

12. 속 서당 개 삼 년이면 풍월을 읊는다. (   )

① 남의 결점을 드러내기는 자기 허물을 말하기보다 쉬움
② 몹시 인색하고 욕심이 많음
③ 무식한 사람이라도 유식한 사람과 오랫동안 같이 있으면 자연히 견문이 생기고 유식해짐
④ 꾸준히 지속적으로 노력하면 결국 얻거나 이룸
⑤ 아무리 훌륭하고 좋은 것이라도 다듬고 정리해야 가치가 있음

13. 속 콩 심은데 콩 나고, 팥 심은 데 팥 난다. (   )

① 사소한 버릇이라도 한번 몸에 배면 고치기 어려움
② 의지할 데가 있어야 무슨 일이든 할 수 있음
③ 잘되리라 믿고 있던 일이 어긋나거나 믿고 있던 사람에게 배신을 당해 해를 입음
④ 어떤 행동을 하기 전에 모든 전후 상황을 고려해야함
⑤ 모든 일은 원인에 따라 결과가 생김

14. 관 바가지를 쓰다. (   )

① 눈치 없이 쓸데없는 일에 참견함
② 요금이나 물건 값을 실제 값보다 비싸게 지불함
③ 큰 기쁨이나 슬픔, 그리고 감격으로 마음 속이 꽉 참
④ 매우 지긋지긋함을 비유하는 말
⑤ 좋은 분위기에 끼어들어 분위기를 망침

15. 관 입을 모으다. (   )

① 무섭거나 놀라서 날카롭게 신경이 예민해짐
② 여러 사람이 같은 의견을 말함
③ 다른 사람이나 물건에 대해 거듭해서 아주 좋게 말함
④ 함께 일을 하는 데에 마음이나 의견, 행동 따위가 맞음
⑤ 좋은 분위기에 끼어들어 분위기를 망침

어휘왕

※다음 사자성어, 속담, 관용의 올바른 의미를 쓰세요 (16-25번)

16. 사 감탄고토

17. 사 동고동락

18. 사 갑론을박

19. 사 일장일단

20. 사 만사형통

21. 속 천리 길도 한 걸음부터다.

22. 속 열 번 찍어 안 넘어가는 나무 없다.

23. 속 콩 심은데 콩 나고, 팥 심은 데 팥 난다.

24. 관 눈 깜짝할 사이

25. 관 입을 모으다.

사 사자성어 속 속담 관 관용구

최종 점수 / 25

어휘활용문

※다음 어휘를 활용하여 다양한 문장을 만들어 보세요

구분	어휘	
사자성어	감탄고토 甘呑苦吐	
	갑론을박 甲論乙駁	
	만사형통 萬事亨通	
속담·관용구	천리 길도 한 걸음부터다.	
	콩 심은데 콩 나고, 팥 심은 데 팥 난다.	
	입을 모으다.	

사분오열 四分五裂

사자성어

넉	나눌	다섯	찢을
사	분	오	열

의미 네 갈래, 다섯 갈래로 나누어지고 찢어짐

예문
1. 이번 대통령 선거로 인해서 국민들이 **사분오열**로 갈라졌다.
2. 학연과 지연에 얽매이게 되면 우리는 **사분오열**되기 십상이다.

따라쓰기

사 분 오 열		

전대미문 前代未聞

사자성어

앞	대신	아닐	들을
전	대	미	문

의미 이제까지 들어보지 못했음

예문
1. 그 선수는 이번 월드컵에서 **전대미문**의 대기록을 세웠다.
2. 이번 계획은 **전대미문**의 새로운 도전이 될 것이다.

따라쓰기

전 대 미 문		

전전긍긍 戰戰兢兢

사자성어

싸울	싸울	떨릴	떨릴
전	전	긍	긍

의미 몹시 두려워 벌벌 떨며 조심함

예문
1. 많은 사람들이 코로나19로 **전전긍긍**하고 있다.
2. 효선이는 석현이가 자신을 떠날까봐 **전전긍긍**한다.

따라쓰기

전 전 긍 긍		

속 담

핑계 없는 무덤 없다.

의 미

무엇을 잘못해 놓고도 여러 가지 이유로 책임을 피하려는 사람을 가리킴

따라쓰기

핑계 없는 무덤 없다.

속 담

가는 날이 장날이다.

의 미

어떤 일을 하려는데 생각지도 못한 일이 생김

따라쓰기

가는 날이 장날이다.

관용구

가슴이 미어지다.

의 미

큰 기쁨이나 슬픔, 그리고 감격으로 마음 속이 꽉 참

따라쓰기

가슴이 미어지다.

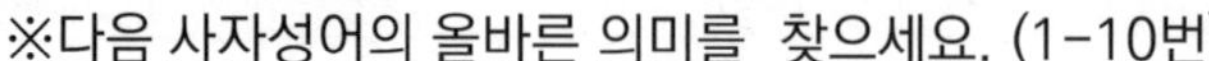

어휘왕

※다음 사자성어의 올바른 의미를 찾으세요. (1-10번)

01. 사분오열 ( )

① 이제까지 들어보지 못했음
② 네 갈래, 다섯 갈래로 나누어지고 찢어짐
③ 세상에 이름이 널리 알려진 데는 마땅한 이유가 있음
④ 융통성 없고 어리석은 사람을 비유함
⑤ 모든 일이 뜻대로 잘 되어감

02. 갑론을박 ( )

① 고통과 즐거움을 서로 같이 보냄
② 오랜 세월이 지나도 변하지 않음
③ 여러 사람이 서로 자신의 주장을 내세우며 상대편의 주장을 반박함
④ 몹시 두려워 벌벌 떨며 조심함
⑤ 여러 차례 죽을 고비를 겪고 겨우 살아남

03. 탁상공론 ( )

① 가르치고 배우면서 더불어 성장함
② 책상에 앉아 여럿이 의논만 함, 현실이 반영되지 않은 허황된 논의
③ 달면 삼키고, 쓰면 뱉음
④ 태어나고, 죽고, 괴롭고, 즐기는 일
⑤ 본 것과 들은 것이 서로 같음

04. 전대미문 ( )

① 이제까지 들어보지 못했음
② 이제야 처음 듣는 말
③ 짧은 기간 싸워 전쟁에 승리함, 일을 거침없이 빠르게 끝냄
④ 세상 일의 온갖 고난을 겪은 경험을 비유함
⑤ 한 입으로 두 말을 함

05. 각주구검 ( )

① 밤, 낮으로 쉬지 않음
② 오랜 세월이 지나도 변하지 않음
③ 융통성 없고 어리석은 사람을 비유함
④ 산과 바다에서 나오는 귀한 재료로 만든 음식
⑤ 이제까지 들어보지 못했음

06. 견문일치 ( )

① 몹시 두려워 벌벌 떨며 조심함
② 세상에서 일어나는 온갖 일
③ 본 것과 들은 것이 서로 같음
④ 여러 사람이 서로 자신의 주장을 내세우며 상대편의 주장을 반박함
⑤ 온 마음과 뜻을 다해서 노력함

07. 주야장천 ( )

① 가을 바람에 떨어지는 낙엽
② 밤, 낮으로 쉬지 않음
③ 사람이 살고 죽는 것은 하늘에 달려 있음
④ 하나는 길고 하나는 짧음, 장점도 있고 단점도 있다는 의미
⑤ 대문 앞이 시장을 이룰 만큼 붐빔

08. 전전긍긍 ( )

① 집안이 화목하면 모든 일이 다 잘되어감
② 네 갈래, 다섯 갈래로 나누어지고 찢어짐
③ 몹시 두려워 벌벌 떨며 조심함
④ 여러 사람이 서로 자신의 주장을 내세우며 상대편의 주장을 반박함
⑤ 헤아릴 수 없이 많은 사람

09. 십중팔구 ( )

① 마음 먹은지 3일을 못감
② 융통성 없고 어리석은 사람을 비유함
③ 여러 가지로 일이 많고, 어려움도 많음
④ 열 번 중 여덟, 아홉 번
⑤ 스스로 자신을 끈으로 묶음, 자신이 한 말이나 행동으로 곤경에 처함

10. 자문자답 ( )

① 스스로 묻고, 스스로 대답함
② 달면 삼키고, 쓰면 뱉음
③ 네 갈래, 다섯 갈래로 나누어지고 찢어짐
④ 모든 일이 뜻대로 잘 되어감
⑤ 여럿이지만 서로 다른 특징 없이 모두 비슷함

※다음 속담과 관용구의 올바른 의미를 찾으세요 (11-15번)

사 사자성어 속 속담 관 관용구

11. 속 핑계 없는 무덤 없다. (   )

① 되면 좋고, 안되도 크게 아쉽다거나 안타까울 것이 없는 거래를 함
② 무엇을 잘못해 놓고도 여러 가지 이유로 책임을 피하려는 사람을 가리킴
③ 꾸준히 지속적으로 노력하면 결국 얻거나 이룸
④ 모든 일은 원인에 따라 결과가 생김
⑤ 의지할 데가 있어야 무슨 일이든 할 수 있음

12. 속 얌전한 고양이가 부뚜막에 먼저 올라간다. (   )

① 도와주고 은혜를 베푼 사람에게 도리어 피해를 입었음
② 본래의 천성이 좋지 않은 사람은 어디 가든지 똑같음
③ 겉보기에는 조신해 보여도 그 속은 오히려 엉큼한 경우가 많음
④ 아무도 안 듣는 데에서도 말은 조심해야 함
⑤ 잘되리라 믿고 있던 일이 어긋나거나 믿고 있던 사람에게 배신을 당해 해를 입음

13. 속 가는 날이 장날이다. (   )

① 해줄 사람은 생각도 없는데, 이미 다 된 것처럼 미리부터 기대함
② 말과 행동이 특출나거나 거슬리면 미움을 받음
③ 어떤 일을 하려는데 생각지도 못한 일이 생김
④ 몹시 인색하고 욕심이 많음
⑤ 도둑질이 가장 나쁨. 즉, 법은 도둑 때문에 생겼음

14. 관 얼굴이 뜨겁다. (   )

① 아직 어른이 되려면 한참 멀었음
② 매우 짧은 순간
③ 부끄러운 일을 당하여 남을 대할 면목이 없음
④ 눈치 없이 쓸데없는 일에 참견함
⑤ 좋은 분위기에 끼어들어 분위기를 망침

15. 관 가슴이 미어지다. (   )

① 무섭거나 놀라서 날카롭게 신경이 예민해짐
② 큰 기쁨이나 슬픔, 그리고 감격으로 마음 속이 꽉 참
③ 아는 일을 함부로 옮기지(말하지) 않음
④ 여러 사람이 같은 의견을 말함
⑤ 몹시 무안을 당하거나 기가 죽어 위신이 떨어짐

어휘왕

※다음 사자성어, 속담, 관용의 올바른 의미를 쓰세요 (16-25번)

16. 사 사분오열

»

17. 사 주야장천

»

18. 사 전대미문

»

19. 사 견물생심

»

20. 사 전전긍긍

»

21. 속 핑계 없는 무덤 없다.

»

22. 속 저 먹자니 싫고 남 주자니 아깝다.

»

23. 속 가는 날이 장날이다.

»

24. 관 입에서 신물이 난다.

»

25. 관 가슴이 미어지다.

»

사 사자성어 속 속담 관 관용구

최종 점수 / 25

어휘활용문

※다음 어휘를 활용하여 다양한 문장을 만들어 보세요

구분	어휘	
사자성어	사분오열 四分五裂	
	전대미문 前代未聞	
	전전긍긍 戰戰兢兢	

구분	어휘
속담·관용구	핑계 없는 무덤 없다.
	가는 날이 장날이다.
	가슴이 미어지다.

사자성어

만 시 지 탄
晩 時 之 歎

늦을	때	갈	탄식할
만	시	지	탄

의 미

시기가 늦어 안타까움에 탄식함

예 문

1. 시험 결과가 나온 이후 후회해 봤자 **만시지탄**일 뿐이다.
2. 이번 야구경기에서 구원 투수교체는 **만시지탄**이었다.

따라쓰기

만 시 지 탄		

사자성어

태 평 성 대
太 平 聖 代

클	평평할	성인	대신
태	평	성	대

의 미

어진 임금이 다스리는 평안한 세상이나 시대

예 문

1. 세종대왕 시대는 백성들이 **태평성대**를 구가했다.
2. 지금은 6.25 전쟁 때와 견주면 **태평성대**라고 할 수 있다.

따라쓰기

태 평 성 대		

사자성어

파 란 만 장
波 瀾 萬 丈

물결	물결	일만	어른
파	란	만	장

의 미

물결처럼 계속 각가지 사연과 변화가 심함

예 문

1. 해상왕 장보고의 일생은 **파란만장**하기 그지없었다.
2. 우리 할머니 세대는 **파란만장**한 삶을 살아오셨다.

따라쓰기

파 란 만 장		

속 담 **가는 말이 고와야 오는 말도 곱다.**

의 미 남에게 말이나 행동을 좋게 해야 남도 나에게 좋게함

따라쓰기 가는 말이 고와야 오는 말도 곱다.

속 담 **남의 손의 떡이 더 커보인다.**

의 미 남의 것이 내 것보다 더 좋아보이고, 남의 일이 내 일보다 더 쉬워보임

따라쓰기 남의 손의 떡이 더 커보인다.

관용구 **가슴에 멍이 들다.**

의 미 마음 속에 고통과 슬픔이 크게 맺혀 있음

따라쓰기 가슴에 멍이 들다.

어휘왕

※다음 사자성어의 올바른 의미를 찾으세요. (1-10번)

01. 만시지탄 (   )

① 하나의 질문에 하나씩 대답함
② 시기가 늦어 안타까움에 탄식함
③ 물결처럼 계속 각가지 사연과 변화가 심함
④ 네 갈래, 다섯 갈래로 나누어지고 찢어짐
⑤ 마음 먹은지 3일을 못감

02. 전대미문 (   )

① 이제까지 들어보지 못했음
② 좋은 물건을 보면 갖고 싶은 마음이 생김
③ 헤아릴 수 없이 많은 사람
④ 책상에 앉아 여럿이 의논만 함, 현실이 반영되지 않은 허황된 논의
⑤ 집안이 화목하면 모든 일이 다 잘되어감

03. 만사형통 (   )

① 가르치고 배우면서 더불어 성장함
② 몹시 두려워 벌벌 떨며 조심함
③ 여러 차례 죽을 고비를 겪고 겨우 살아남
④ 모든 일이 뜻대로 잘 되어감
⑤ 우리 몸과 우리가 태어난 땅은 떨어질 수 없음

04. 태평성대 (   )

① 어진 임금이 다스리는 평안한 세상이나 시대
② 달면 삼키고, 쓰면 뱉음
③ 고통과 즐거움을 서로 같이 보냄
④ 이제야 처음 듣는 말
⑤ 여러 가지로 일이 많고, 어려움도 많음

05. 자승자박 (   )

① 사람이 살고 죽는 것은 하늘에 달려 있음
② 이제까지 들어보지 못했음
③ 스스로 자신을 끈으로 묶음, 자신이 한 말이나 행동으로 곤경에 처함
④ 시기가 늦어 안타까움에 탄식함
⑤ 물결처럼 계속 각가지 사연과 변화가 심함

06. 견물생심 (   )

① 좋은 물건을 보면 갖고 싶은 마음이 생김
② 모든 일에 능통한 사람
③ 이제야 처음 듣는 말
④ 고통과 즐거움을 서로 같이 보냄
⑤ 오랜 세월이 지나도 변하지 않음

07. 금시초문 (   )

① 오랜 세월이 지나도 변하지 않음
② 이제야 처음 듣는 말
③ 아주 짧은 시간이나 매우 재빠른 동작을 이르는 말
④ 이제까지 들어보지 못했음
⑤ 달면 삼키고, 쓰면 뱉음

08. 파란만장 (   )

① 밤, 낮으로 쉬지 않음
② 네 갈래, 다섯 갈래로 나누어지고 찢어짐
③ 물결처럼 계속 각가지 사연과 변화가 심함
④ 융통성 없고 어리석은 사람을 비유함
⑤ 시기가 늦어 안타까움에 탄식함

09. 자수성가 (   )

① 세상 일의 온갖 고난을 겪은 경험을 비유함
② 스스로 묻고, 스스로 대답함
③ 몹시 두려워 벌벌 떨며 조심함
④ 스스로의 힘으로 어엿하게 한 살림을 이루어 냄
⑤ 오랜 세월이 지나도 변하지 않음

10. 일구이언 (   )

① 한 입으로 두 말을 함
② 일이 끝났으므로 아무 소용 없음을 이르는 말
③ 이제야 처음 듣는 말
④ 이제까지 들어보지 못했음
⑤ 오랜 세월이 지나도 변하지 않음

어휘왕

※다음 속담과 관용구의 올바른 의미를 찾으세요 (11-15번)

11. 속 가는 말이 고와야 오는 말도 곱다. (　　)

① 남에게 말이나 행동을 좋게 해야 남도 나에게 좋게 함
② 남의 결점을 드러내기는 자기 허물을 말하기보다 쉬움
③ 겉보기에는 조신해 보여도 그 속은 오히려 엉큼한 경우가 많음
④ 무엇을 잘못해 놓고도 여러 가지 이유로 책임을 피하려는 사람을 가리킴
⑤ 아무리 훌륭하고 좋은 것이라도 다듬고 정리해야 가치가 있음

12. 속 원수는 외나무 다리에서 만난다. (　　)

① 어떤 행동을 하기 전에 모든 전후 상황을 고려해야함
② 아무리 큰 일이라도 처음에는 작은 일부터 시작됨
③ 사람의 욕심은 끝이 없음
④ 남에게 악한 일을 하면 그 죄를 받을 때가 반드시 옴
⑤ 누구나 마음속으로만 애태울 것이 아니라 말을 해야 함

13. 속 남의 손의 떡이 더 커보인다. (　　)

① 아무리 많아도 쓰면 줄어듬 아껴서 사용하라는 의미
② 몹시 고생하는 삶도 운수 좋은 날이 이를 수 있음
③ 먹고 살기 위해서 안해야 될 짓까지 할 수밖에 없음
④ 하려던 일이 실패하여 어찌할 도리가 없이 그저 쳐다만 보며 민망해함
⑤ 남의 것이 내 것보다 더 좋아보이고, 남의 일이 내 일보다 더 쉬워보임

14. 관 머리털이 곤두서다. (　　)

① 눈치 없이 쓸데없는 일에 참견함
② 큰 기쁨이나 슬픔, 그리고 감격으로 마음 속이 꽉 참
③ 무섭거나 놀라서 날카롭게 신경이 예민해짐
④ 매우 지긋지긋함을 비유하는 말
⑤ 좋은 분위기에 끼어들어 분위기를 망침

15. 관 가슴에 멍이 들다. (　　)

① 마음 속에 고통과 슬픔이 크게 맺혀 있음
② 어떤 장소가 발을 디딜 수 없을 만큼 사람으로 꽉 참
③ 부끄러운 일을 당하여 남을 대할 면목이 없음
④ 아는 일을 함부로 옮기지(말하지) 않음
⑤ 매우 지긋지긋함을 비유하는 말

어휘왕

※다음 사자성어, 속담, 관용의 올바른 의미를 쓰세요 (16-25번)

16. 사 만시지탄

17. 사 산해진미

18. 사 태평성대

19. 사 감탄고토

20. 사 파란만장

21. 속 가는 말이 고와야 오는 말도 곱다.

22. 속 집에서 새는 바가지 밖에서도 샌다.

23. 속 남의 손의 떡이 더 커보인다.

24. 관 입을 모으다.

25. 관 가슴에 멍이 들다.

사 사자성어 속 속담 관 관용구

최종 점수 / 25

어휘활용문

※다음 어휘를 활용하여 다양한 문장을 만들어 보세요

사자성어	만시지탄 晩時之歎	
	태평성대 太平聖代	
	파란만장 波瀾萬丈	

속담 · 관용구	가는 말이 고와야 오는 말도 곱다.
	남의 손의 떡이 더 커보인다.
	가슴에 멍이 들다.

사자성어	견 원 지 간 犬 猿 之 間	개 원숭이 갈 틈 견 원 지 간
의 미	개와 원숭이 사이의 관계라는 뜻으로, 서로 관계가 아주 나쁜 사이	
예 문	1. 두 친구는 오래전부터 **견원지간**으로 만나면 싸우곤 했다. 2. 인도와 중국은 오래전부터 **견원지간**의 관계에 놓였다.	
따라쓰기	견 원 지 간	

사자성어	만 장 일 치 滿 場 一 致	찰 마당 하나 이를 만 장 일 치
의 미	다른 의견 없이 모든 사람의 의견이 같음	
예 문	1. 이번에 상의한 내용은 **만장일치**로 통과되었다. 2. 이번 선거에서 현성이는 **만장일치**로 반장으로 선출되었다.	
따라쓰기	만 장 일 치	

사자성어	설 왕 설 래 說 往 說 來	말씀 갈 말씀 올 설 왕 설 래
의 미	서로 옳고 그름을 따지며 다툼	
예 문	1. 국회에서는 새로운 안건이 나올때마다 서로 **설왕설래** 한다. 2. 친구들은 자신들의 의견을 말하며 **설왕설래** 다툼이 많았다.	
따라쓰기	설 왕 설 래	

속 담

같은 말이라도 '아' 다르고 '어' 다르다.

의 미

같은 내용의 이야기라도 이렇게 말할 때 다르고, 저렇게 말할 때 다름

따라쓰기

같은 말이라도 '아' 다르고 '어' 다르다.

속 담

개천에서 용난다.

의 미

변변치 못한 집안에서 훌륭한 인물이 나왔음

따라쓰기

개천에서 용난다.

관용구

가닥을 잡다.

의 미

어떤 일이나 분위기, 상황, 생각 등을 이치나 논리에 맞게 바로 잡음

따라쓰기

가닥을 잡다.

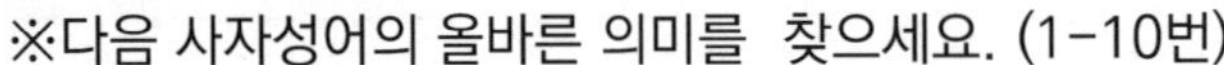

어휘왕

※다음 사자성어의 올바른 의미를 찾으세요. (1-10번)

01. 견원지간 ( )

① 여러 가지로 일이 많고, 어려움도 많음
② 오랜 세월이 지나도 변하지 않음
③ 고통과 즐거움을 서로 같이 보냄
④ 개와 원숭이 사이의 관계라는 뜻으로, 서로 관계가 아주 나쁜 사이
⑤ 세상에서 일어나는 온갖 일

02. 태평성대 ( )

① 이제까지 들어보지 못했음
② 마음 먹은지 3일을 못감
③ 모든 일이 뜻대로 잘 되어감
④ 세상 일의 온갖 고난을 겪은 경험을 비유함
⑤ 어진 임금이 다스리는 평안한 세상이나 시대

03. 전전긍긍 ( )

① 시기가 늦어 안타까움에 탄식함
② 몹시 두려워 벌벌 떨며 조심함
③ 융통성 없고 어리석은 사람을 비유함
④ 물결처럼 계속 각가지 사연과 변화가 심함
⑤ 여러 사람이 서로 자신의 주장을 내세우며 상대편의 주장을 반박함

04. 만장일치 ( )

① 여러 차례 죽을 고비를 겪고 겨우 살아남
② 몹시 두려워 벌벌 떨며 조심함
③ 다른 의견 없이 모든 사람의 의견이 같음
④ 달면 삼키고, 쓰면 뱉음
⑤ 좋은 물건을 보면 갖고 싶은 마음이 생김

05. 탁상공론 ( )

① 책상에 앉아 여럿이 의논만 함, 현실이 반영되지 않은 허황된 논의
② 한 입으로 두 말을 함
③ 네 갈래, 다섯 갈래로 나누어지고 찢어짐
④ 밤,낮으로 쉬지 않음
⑤ 가르치고 배우면서 더불어 성장함

06. 산해진미 ( )

① 산과 바다에서 나오는 귀한 재료로 만든 음식
② 헤아릴 수 없이 많은 사람
③ 시기가 늦어 안타까움에 탄식함
④ 태어나고, 죽고, 괴롭고, 즐기는 일
⑤ 물결처럼 계속 각가지 사연과 변화가 심함

07. 각주구검 ( )

① 다른 의견 없이 모든 사람의 의견이 같음
② 우리 몸과 우리가 태어난 땅은 떨어질 수 없음
③ 고통과 즐거움을 서로 같이 보냄
④ 융통성 없고 어리석은 사람을 비유함
⑤ 네 갈래, 다섯 갈래로 나누어지고 찢어짐

08. 설왕설래 ( )

① 어진 임금이 다스리는 평안한 세상이나 시대
② 집안이 화목하면 모든 일이 다 잘되어감
③ 서로 옳고 그름을 따지며 다툼
④ 융통성 없고 어리석은 사람을 비유함
⑤ 달면 삼키고, 쓰면 뱉음

09. 견문일치 ( )

① 모든 일이 뜻대로 잘 되어감
② 가을 바람에 떨어지는 낙엽
③ 몹시 두려워 벌벌 떨며 조심함
④ 본 것과 들은 것이 서로 같음
⑤ 개와 원숭이 사이의 관계라는 뜻으로, 서로 관계가 아주 나쁜 사이

10. 주야장천 ( )

① 밤,낮으로 쉬지 않음
② 이제까지 들어보지 못했음
③ 오랜 세월이 지나도 변하지 않음
④ 다른 의견 없이 모든 사람의 의견이 같음
⑤ 사람이 살고 죽는 것은 하늘에 달려 있음

어휘왕

※다음 속담과 관용구의 올바른 의미를 찾으세요 (11-15번)

사 사자성어 속 속담 관 관용구

11. 속 같은 말이라도 '아' 다르고 '어' 다르다. (   )

① 먹고 살기 위해서 안해야 될 짓까지 할 수밖에 없음
② 하려던 일이 실패하여 어찌할 도리가 없이 그저 쳐다만 보며 민망해함
③ 모든 일은 원인에 따라 결과가 생김
④ 같은 내용의 이야기라도 이렇게 말할 때 다르고, 저렇게 말할 때 다름
⑤ 사람의 욕심은 끝이 없음

12. 속 쥐구멍에도 볕 들 날이 있다. (   )

① 몹시 고생하는 삶도 운수 좋은 날이 이를 수 있음
② 본래의 천성이 좋지 않은 사람은 어디 가든지 똑같음
③ 남의 것이 내 것보다 더 좋아보이고, 남의 일이 내 일보다 더 쉬워보임
④ 누구나 마음속으로만 애태울 것이 아니라 말을 해야 함
⑤ 어떤 일을 하려는데 생각지도 못한 일이 생김

13. 속 개천에서 용난다. (   )

① 무식한 사람이라도 유식한 사람과 오랫동안 같이 있으면 자연히 견문이 생기고 유식해짐
② 어떤 행동을 하기 전에 모든 전후 상황을 고려해야함
③ 남에게 악한 일을 하면 그 죄를 받을 때가 반드시 옴
④ 변변치 못한 집안에서 훌륭한 인물이 나옴
⑤ 겉보기에는 조신해 보여도 그 속은 오히려 엉큼한 경우가 많음

14. 관 눈 깜짝할 사이 (   )

① 다가올 결과를 생각해가며 모든 것을 미리 살피고 일들을 처리함
② 큰 기쁨이나 슬픔, 그리고 감격으로 마음 속이 꽉 참
③ 여러 사람이 같은 의견을 말함
④ 부끄러운 일을 당하여 남을 대할 면목이 없음
⑤ 매우 짧은 순간

15. 관 가닥을 잡다. (   )

① 걱정이 되어 마음이 답답하거나 마음이 쓰여 안절부절 못함
② 매우 지긋지긋함을 비유하는 말
③ 같은 말을 여러 번 들음
④ 어떤 일이나 분위기, 상황, 생각 등을 이치나 논리에 맞게 바로 잡음
⑤ 무섭거나 놀라서 날카롭게 신경이 예민해짐

어휘왕

※다음 사자성어, 속담, 관용의 올바른 의미를 쓰세요 (16-25번)

16. 사 견원지간

17. 사 자승자박

18. 사 만장일치

19. 사 전대미문

20. 사 설왕설래

21. 속 같은 말이라도 '아' 다르고 '어' 다르다.

22. 속 콩 심은데 콩 나고, 팥 심은 데 팥 난다.

23. 속 개천에서 용난다.

24. 관 가슴이 미어지다.

25. 관 가닥을 잡다.

사 사자성어 속 속담 관 관용구

최종 점수 / 25

어휘활용문

※다음 어휘를 활용하여 다양한 문장을 만들어 보세요

사자성어	견원지간 犬猿之間	
	만장일치 滿場一致	
	설왕설래 說往說來	

속담 · 관용구
같은 말이라도 '아' 다르고 '어' 다르다.
개천에서 용난다.
가닥을 잡다.

사자성어	점 입 가 경 漸 入 佳 境	점점 들 아름다울 지경 점 입 가 경
의 미	들어갈수록 점점 더 아름다워짐	
예 문	1. 가을철 설악산은 걸을수록 그 멋이 **점입가경**이다. 2. 친구들의 토론회는 갈수록 **점입가경**으로 씨끄러웠다.	
따라쓰기	점 입 가 경	

사자성어	천 차 만 별 千 差 萬 別	일천 다를 일만 나눌 천 차 만 별
의 미	모든 것은 차이가 있고 구별이 있음	
예 문	1. 사람의 개성과 성품은 **천차만별**로 다르다. 2. 실험 결과에 따라 환경은 **천차만별**의 양상을 나타낸다.	
따라쓰기	천 차 만 별	

사자성어	호 사 다 마 好 事 多 魔	좋을 일 많을 마귀 호 사 다 마
의 미	좋은 일 뒤에 나쁜 일이 따름	
예 문	1. **호사다마**라더니 현성이는 어려운 시험 이후에 몸살이 났다. 2. **호사다마**라더니 간식 시간 이후에 3시간 수학 문제풀이다.	
따라쓰기	호 사 다 마	

속 담	남의 잔치에 감 놓아라 배 놓아라 한다.
의 미	자기와 상관없는 일에 간섭하고 참견함
따라쓰기	남의 잔치에 감 놓아라 배 놓아라 한다.

속 담	마른 하늘에 날벼락이다.
의 미	전혀 생각하지 못한 상황에서 어려움을 당함
따라쓰기	마른 하늘에 날벼락이다.

관용구	날개가 돋치다.
의 미	물건이나 상품 등이 빠르게 팔려 나감
따라쓰기	날개가 돋치다.

어휘왕

※다음 사자성어의 올바른 의미를 찾으세요. (1-10번)

01. 점입가경 ( )

① 마음 먹은지 3일을 못
② 좋은 일 뒤에 나쁜 일이 따름
③ 들어갈수록 점점 더 아름다워짐
④ 스스로의 힘으로 어엿하게 한 살림을 이루어 냄
⑤ 이제까지 들어보지 못했음

02. 만장일치 ( )

① 좋은 물건을 보면 갖고 싶은 마음이 생김
② 산과 바다에서 나오는 귀한 재료로 만든 음식
③ 통성 없고 어리석은 사람을 비유
④ 서로 옳고 그름을 따지며 다툼
⑤ 다른 의견 없이 모든 사람의 의견이 같음

03. 파란만장 ( )

① 고통과 즐거움을 서로 같이 보냄
② 물결처럼 계속 각가지 사연과 변화가 심함
③ 모든 일이 뜻대로 잘 되어감
④ 몹시 두려워 벌벌 떨며 조심함
⑤ 스스로 자신을 끈으로 묶음, 자신이 한 말이나 행동으로 곤경에 처함

04. 천차만별 ( )

① 모든 것은 차이가 있고 구별이 있음
② 여러 가지로 일이 많고, 어려움도 많음
③ 네 갈래, 다섯 갈래로 나누어지고 찢어짐
④ 본 것과 들은 것이 서로 같음
⑤ 몹시 두려워 벌벌 떨며 조심함

05. 만시지탄 ( )

① 사람이 살고 죽는 것은 하늘에 달려 있음
② 들어갈수록 점점 더 아름다워짐
③ 시기가 늦어 안타까움에 탄식함
④ 다른 의견 없이 모든 사람의 의견이 같음
⑤ 달면 삼키고, 쓰면 뱉음

06. 감탄고토 ( )

① 모든 것은 차이가 있고 구별이 있음
② 달면 삼키고, 쓰면 뱉음
③ 물결처럼 계속 각가지 사연과 변화가 심함
④ 시기가 늦어 안타까움에 탄식함
⑤ 통성 없고 어리석은 사람을 비유

07. 자승자박 ( )

① 모든 일이 뜻대로 잘 되어감
② 달면 삼키고, 쓰면 뱉음
③ 이제까지 들어보지 못했음
④ 몹시 두려워 벌벌 떨며 조심함
⑤ 스스로 자신을 끈으로 묶음, 자신이 한 말이나 행동으로 곤경에 처함

08. 호사다마 ( )

① 좋은 일 뒤에 나쁜 일이 따름
② 어진 임금이 다스리는 평안한 세상이나 시대
③ 시기가 늦어 안타까움에 탄식함
④ 가르치고 배우면서 더불어 성장함
⑤ 들어갈수록 점점 더 아름다워짐

09. 금시초문 ( )

① 묻는 말에 대해 아주 딴판인 엉뚱한 대답
② 서로 옳고 그름을 따지며 다툼
③ 이제야 처음 듣는 말
④ 오랜 세월이 지나도 변하지 않음
⑤ 다른 의견 없이 모든 사람의 의견이 같음

10. 견물생심 ( )

① 모든 일에 능통한 사람
② 네 갈래, 다섯 갈래로 나누어지고 찢어짐
③ 세상에서 일어나는 온갖 일
④ 좋은 물건을 보면 갖고 싶은 마음이 생김
⑤ 모든 것은 차이가 있고 구별이 있음

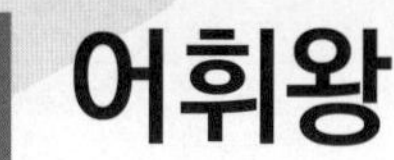

어휘왕

※다음 속담과 관용구의 올바른 의미를 찾으세요 (11-15번)

사 사자성어 속 속담 관 관용구

11. 속 남의 잔치에 감 놓아라 배 놓아라 한다. (   )

① 되면 좋고, 안되도 크게 아쉽다거나 안타까울 것이 없는 거래를 함
② 변변치 못한 집안에서 훌륭한 인물이 나옴
③ 꾸준히 지속적으로 노력하면 결국 얻거나 이룸
④ 자기와 상관없는 일에 간섭하고 참견함
⑤ 본래의 천성이 좋지 않은 사람은 어디 가든지 똑같음

12. 속 천리 길도 한 걸음부터다. (   )

① 말과 행동이 특출나거나 거슬리면 미움을 받음
② 어떤 일을 하려는데 생각지도 못한 일이 생김
③ 아무리 큰 일이라도 처음에는 작은 일부터 시작됨
④ 모든 일은 원인에 따라 결과가 생김
⑤ 잘되리라 믿고 있던 일이 어긋나거나 믿고 있던 사람에게 배신을 당해 해를 입음

13. 속 마른 하늘에 날벼락이다. (   )

① 전혀 생각하지 못한 상황에서 어려움을 당함
② 몹시 인색하고 욕심이 많음
③ 의지할 데가 있어야 무슨 일이든 할 수 있음
④ 남의 것이 내 것보다 더 좋아보이고, 남의 일이 내 일보다 더 쉬워보임
⑤ 해줄 사람은 생각도 없는데, 이미 다 된 것처럼 미리부터 기대함

14. 관 입에서 신물이 난다. (   )

① 같은 말을 여러 번 들음
② 매우 지긋지긋함을 비유하는 말
③ 부끄러운 일을 당하여 남을 대할 면목이 없음
④ 어떤 일이나 분위기, 상황, 생각 등을 이치나 논리에 맞게 바로 잡음
⑤ 여러 사람이 같은 의견을 말함

15. 관 날개가 돋치다. (   )

① 마음 속에 고통과 슬픔이 크게 맺혀 있음
② 큰 기쁨이나 슬픔, 그리고 감격으로 마음 속이 꽉 참
③ 무섭거나 놀라서 날카롭게 신경이 예민해짐
④ 매우 짧은 순간
⑤ 물건이나 상품 등이 빠르게 팔려 나감

어휘왕

※다음 사자성어, 속담, 관용의 올바른 의미를 쓰세요 (16-25번)

16. 사 점입가경

17. 사 전전긍긍

18. 사 천차만별

19. 사 파란만장

20. 사 호사다마

21. 속 남의 잔치에 감 놓아라 배 놓아라 한다.

22. 속 가는 날이 장날이다.

23. 속 마른 하늘에 날벼락이다.

24. 관 가슴에 멍이 들다.

25. 관 날개가 돋치다.

사 사자성어 속 속담 관 관용구

최종 점수 / 25

어휘활용문

※다음 어휘를 활용하여 다양한 문장을 만들어 보세요

사자성어		
사자성어	점입가경 漸入佳境	
	천차만별 千差萬別	
	호사다마 好事多魔	

속담 · 관용구	
속담 · 관용구	남의 잔치에 감 놓아라 배 놓아라 한다.
	마른 하늘에 날벼락이다.
	날개가 돋치다.

사자성어

결 자 해 지
結 者 解 之

맺을	놈	풀	갈
결	자	해	지

의 미

자기가 저지른 일은 자기가 해결해야 함

예 문

1. 이 사업은 제가 시작했으니 **결자해지** 차원에서 수습하겠습니다.
2. **결자해지**의 마음으로 시험공부에 더 열심을 내어라

따라쓰기

결 자 해 지		

사자성어

명 불 허 전
名 不 虛 傳

이름	아닐	빌	전할
명	불(부)	허	전

의 미

세상에 이름이 널리 알려진 데는 마땅한 이유가 있음

예 문

1. 고구려 사람의 활 솜씨는 역시 **명불허전**이었다.
2. 예주의 그림 솜씨가 좋다더니, 역시 **명불허전**이네~

따라쓰기

명 불 허 전		

사자성어

속 전 속 결
速 戰 速 決

빠를	싸움	빠를	결단할
속	전	속	결

의 미

짧은 기간 싸워 전쟁에 승리함. 일을 거침없이 빠르게 끝냄

예 문

1. 전쟁에서의 최고의 승리는 **속전속결**이다.
2. 해율이는 오늘의 숙제를 모두 **속전속결**로 해냈다.

따라쓰기

속 전 속 결		

속 담	**말이 씨가 된다.**
의 미	늘 말하며 바라던 것이 현실이 됨
따라쓰기	말이 씨가 된다.

속 담	**사공이 많으면 배가 산으로 간다.**
의 미	여러 사람이 자기 주장만 내세우면 일을 제대로 할 수 없음
따라쓰기	사공이 많으면 배가 산으로 간다.

관용구	**누구 코에 붙이겠는가?**
의 미	사람은 많은데 나눌 물건이 턱없이 부족함
따라쓰기	누구 코에 붙이겠는가?

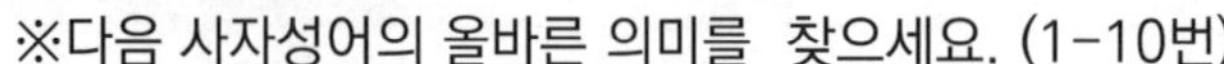

어휘왕

※다음 사자성어의 올바른 의미를 찾으세요. (1-10번)

01. 결자해지 (   )

① 달면 삼키고, 쓰면 뱉음
② 모든 일이 뜻대로 잘 되어감
③ 어진 임금이 다스리는 평안한 세상이나 시대
④ 자기가 저지른 일은 자기가 해결해야 함
⑤ 좋은 물건을 보면 갖고 싶은 마음이 생김

02. 천차만별 (   )

① 이제야 처음 듣는 말
② 들어갈수록 점점 더 아름다워짐
③ 모든 것은 차이가 있고 구별이 있음
④ 짧은 기간 싸워 전쟁에 승리함, 일을 거침없이 빠르게 끝냄
⑤ 융통성 없고 어리석은 사람을 비유함

03. 설왕설래 (   )

① 서로 옳고 그름을 따지며 다툼
② 마음 먹은지 3일을 못감
③ 시기가 늦어 안타까움에 탄식함
④ 본 것과 들은 것이 서로 같음
⑤ 좋은 일 뒤에 나쁜 일이 따름

04. 명불허전 (   )

① 한 입으로 두 말을 함
② 세상에 이름이 널리 알려진 데는 마땅한 이유가 있음
③ 밤,낮으로 쉬지 않음
④ 사람이 살고 죽는 것은 하늘에 달려 있음
⑤ 물결처럼 계속 각가지 사연과 변화가 심함

05. 태평성대 (   )

① 어진 임금이 다스리는 평안한 세상이나 시대
② 다른 의견 없이 모든 사람의 의견이 같음
③ 자기가 저지른 일은 자기가 해결해야 함
④ 모든 것은 차이가 있고 구별이 있음
⑤ 태어나고, 죽고, 괴롭고, 즐기는 일

06. 갑론을박 (   )

① 이제까지 들어보지 못했음
② 세상 일의 온갖 고난을 겪은 경험을 비유함
③ 오랜 세월이 지나도 변하지 않음
④ 좋은 일 뒤에 나쁜 일이 따름
⑤ 여러 사람이 서로 자신의 주장을 내세우며 상대편의 주장을 반박함

07. 탁상공론 (   )

① 여러 가지로 일이 많고, 어려움도 많음
② 물결처럼 계속 각가지 사연과 변화가 심함
③ 온 마음과 뜻을 다해서 노력함
④ 책상에 앉아 여럿이 의논만 함, 현실이 반영되지 않은 허황된 논의
⑤ 여러 차례 죽을 고비를 겪고 겨우 살아남

08. 속전속결 (   )

① 가르치고 배우면서 더불어 성장함
② 서로 옳고 그름을 따지며 다툼
③ 네 갈래, 다섯 갈래로 나누어지고 찢어짐
④ 자기가 저지른 일은 자기가 해결해야 함
⑤ 짧은 기간 싸워 전쟁에 승리함, 일을 거침없이 빠르게 끝냄

09. 산해진미 (   )

① 들어갈수록 점점 더 아름다워짐
② 집안이 화목하면 모든 일이 다 잘되어감
③ 산과 바다에서 나오는 귀한 재료로 만든 음식
④ 좋은 일 뒤에 나쁜 일이 따름
⑤ 하나의 질문에 하나씩 대답함

10. 동고동락 (   )

① 다른 의견 없이 모든 사람의 의견이 같음
② 고통과 즐거움을 서로 같이 보냄
③ 몹시 두려워 벌벌 떨며 조심함
④ 헤아릴 수 없이 많은 사람
⑤ 개와 원숭이 사이의 관계라는 뜻으로, 서로 관계가 아주 나쁜 사이

어휘왕

※다음 속담과 관용구의 올바른 의미를 찾으세요 (11-15번)

사 사자성어 속 속담 관 관용구

11. 속 말이 씨가 된다. (　　)

① 늘 말하며 바라던 것이 현실이 됨
② 아무리 훌륭하고 좋은 것이라도 다듬고 정리해야 가치가 있음
③ 남에게 말이나 행동을 좋게 해야 남도 나에게 좋게 함
④ 부지런하고 성실한 사람에게 더 잘하라는 말
⑤ 몹시 고생하는 삶도 운수 좋은 날이 이를 수 있음

12. 속 핑계 없는 무덤 없다. (　　)

① 아무리 큰 일이라도 처음에는 작은 일부터 시작됨
② 아무리 많아도 쓰면 줄어듬 아껴서 사용하라는 의미
③ 자기와 상관없는 일에 간섭하고 참견함
④ 먹고 살기 위해서 안해야 될 짓까지 할 수밖에 없음
⑤ 무엇을 잘못해 놓고도 여러 가지 이유로 책임을 피하려는 사람을 가리킴

13. 속 사공이 많으면 배가 산으로 간다. (　　)

① 누구나 마음속으로만 애태울 것이 아니라 말을 해야 함
② 남의 결점을 드러내기는 자기 허물을 말하기보다 쉬움
③ 같은 내용의 이야기라도 이렇게 말할 때 다르고, 저렇게 말할 때 다름
④ 사소한 버릇이라도 한번 몸에 배면 고치기 어려움
⑤ 여러 사람이 자기 주장만 내세우면 일을 제대로 할 수 없음

14. 관 입을 모으다. (　　)

① 눈치 없이 쓸데없는 일에 참견함
② 마음 속에 고통과 슬픔이 크게 맺혀 있음
③ 여러 사람이 같은 의견을 말함
④ 어떤 장소가 발을 디딜 수 없을 만큼 사람으로 꽉 참
⑤ 큰 기쁨이나 슬픔, 그리고 감격으로 마음 속이 꽉 참

15. 관 누구 코에 붙이겠는가? (　　)

① 다른 사람들 모르게 어디로 감, 어떤 사물이나 현상 따위가 없어지거나 바뀜
② 어떤 일이나 분위기, 상황, 생각 등을 이치나 논리에 맞게 바로 잡음
③ 사람은 많은데 나눌 물건이 턱없이 부족함
④ 좋은 분위기에 끼어들어 분위기를 망침
⑤ 부끄러운 일을 당하여 남을 대할 면목이 없음

어휘왕

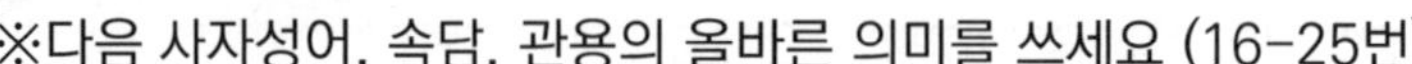

※다음 사자성어, 속담, 관용의 올바른 의미를 쓰세요 (16-25번)

16. 사 결자해지

》

17. 사 태평성대

》

18. 사 명불허전

》

19. 사 설왕설래

》

20. 사 속전속결

》

21. 속 말이 씨가 된다.

》

22. 속 남의 손의 떡이 더 커보인다.

》

23. 속 사공이 많으면 배가 산으로 간다.

》

24. 관 가닥을 잡다.

》

25. 관 누구 코에 붙이겠는가?

》

사 사자성어 속 속담 관 관용구

최종 점수 / 25

어휘활용문

※다음 어휘를 활용하여 다양한 문장을 만들어 보세요

사자성어		
	결자해지 結者解之	
	명불허전 名不虛傳	
	속전속결 速戰速決	

속담·관용구
말이 씨가 된다.
사공이 많으면 배가 산으로 간다.
누구 코에 붙이겠는가?

김구
(1876~1949)
일제강점기 독립운동가,
대한민국의
독립 운동가,정치인
호는 백범

지옥을 만드는 방법은 간단하다.

가까이 있는 사람을 미워하면 된다.

천국을 만드는 방법도 간단하다.

가까이 있는 사람을 사랑하면 된다.

모든 것이 다 가까이에서 시작된다.

\- 백범 김구 -

광장 어휘왕 정답

광장 어휘왕 정답

1일 정답

1	1	7	세 명, 다섯 명씩 여럿이 모여 있음
2	3	8	열 번 중 여덟, 아홉 번
3	4	9	모든 일에 능통한 사람
4	3	10	부지런하고 성실한 사람에게 더 잘하라는 말
5	2	11	어떤 일이나 물건이 드문드문 있을 때 하는 말
6	2	12	몹시 무안을 당하거나 기가 죽어 위신이 떨어짐

2일 정답

1	5	11	2	12	스스로 묻고, 스스로 대답함
2	2			13	세 명, 다섯 명씩 여럿이 모여 있음
3	5			14	온 마음과 뜻을 다해서 노력함
4	2			15	열 번 중 여덟, 아홉 번
5	2			16	묻는 말에 대해서 아주 딴판인 엉뚱한 대답
6	4			17	사소한 버릇이라도 한번 몸에 배면 고치기 어려움
7	2			18	부지런하고 성실한 사람에게 더 잘하라는 말
8	3			19	어떤 사물을 보고 놀란 사람은 그 사물과 비슷한 것만 봐도 놀람
9	5			20	다른 사람이나 물건에 대해 거듭해서 아주 좋게 말함
10	1			21	몹시 무안을 당하거나 기가 죽어 위신이 떨어짐

3일 정답

1	4	11	2	15	늙지 않고 오래 오래 삶
2	1	12	1	16	모든 일에 능통한 사람
3	2	13	2	17	대문 앞이 시장을 이룰 만큼 붐빔
4	2	14	5	18	묻는 말에 대해서 아주 딴판인 엉뚱한 대답
5	5			19	모든 방면, 여러 방면
6	2			20	아무리 많아도 쓰면 줄어듦. 아껴서 사용하라는 의미
7	2			21	어떤 일이나 물건이 드문드문 있을 때 하는 말
8	5			22	쉽고 작은 일은 못하면서 더 어렵고 큰 일을 하려고 함
9	4			23	다른 사람이나 물건에 대해 거듭해서 아주 좋게 말함
10	2			24	아는 일을 함부로 옮기지(말하지) 않음

4일 정답

1	3	11	4	16	'산, 내, 풀, 나무', 자연을 뜻함
2	2	12	1	17	모든 일에 능통한 사람
3	4	13	1	18	세상에서 일어나는 온갖 일
4	5	14	3	19	대문 앞이 시장을 이룰 만큼 붐빔
5	1	15	5	20	봄, 여름, 가을, 겨울
6	3			21	아무리 훌륭하고 좋은 것이라도 다듬고 정리해야 가치가 있음
7	4			22	어떤 사물을 보고 놀란 사람은 그 사물과 비슷한 것만 봐도 놀람
8	2			23	도와주고 은혜를 베푼 사람에게 도리어 피해를 입음
9	5			24	몹시 무안을 당하거나 기가 죽어 위신이 떨어짐
10	1			25	다른 사람이나 물건에 대해 거듭해서 아주 좋게 말함

5일 정답

1	3	11	3	16	가을 바람에 떨어지는 낙엽
2	3	12	1	17	스스로 묻고, 스스로 대답함
3	1	13	2	18	헤아릴 수 없이 많은 사람
4	5	14	4	19	세상에서 일어나는 온갖 일
5	2	15	1	20	하나의 질문에 하나씩 대답함
6	4			21	남의 결점을 드러내기는 자기 허물을 말하기보다 쉬움
7	4			22	사소한 버릇이라도 한번 몸에 배면 고치기 어렵다.
8	1			23	아무도 안 듣는 데에서도 말은 조심해야 함
9	3			24	다른 사람이나 물건에 대해 거듭해서 아주 좋게 말함
10	5			25	어떤 장소가 발을 디딜 수 없을 만큼 사람으로 꽉 참

6일 정답

1	5	11	5	16	집안이 화목하면 모든 일이 다 잘되어감
2	1	12	5	17	늙지 않고 오래 오래 삶
3	1	13	2	18	남의 비위에 맞게 꾸미거나 이로운 조건으로 꾀는 말
4	2	14	3	19	헤아릴 수 없이 많은 사람
5	1	15	3	20	마음이 공정하고 명백하여 조금도 사사로움이 없이 바름
6	3			21	하려던 일이 실패하여 그저 쳐다만 보며 민망해함
7	2			22	쉽고 작은 일은 못하면서 더 어렵고 큰 일을 하려고 함
8	5			23	도둑질이 가장 나쁨
9	5			24	같은 말을 여러 번 들음
10	4			25	아직 어른이 되려면 한참 멀었음

7일 정답

1	3	11	4	16	가르치고 배우면서 더불어 성장함
2	3	12	4	17	'산, 내, 풀, 나무', 자연을 뜻함
3	1	13	3	18	여러 차례 죽을 고비를 겪고 겨우 살아남
4	2	14	3	19	집안이 화목하면 모든 일이 다 잘되어감
5	4	15	2	20	여러 가지로 일이 많고, 어려움도 많음
6	2			21	어떤 행동을 하기 전에 모든 전후 상황을 고려해야함
7	4			22	도와주고 은혜를 베푼 사람에게 도리어 피해를 입음
8	5			23	해줄 사람은 생각도 없는데, 이미 다 된 것처럼 미리부터 기대함
9	1			24	어떤 장소가 발을 디딜 수 없을 만큼 사람으로 꽉 참
10	2			25	눈치 없이 쓸데없는 일에 참견함

8일 정답

1	4	11	2	16	아주 짧은 시간이나 매우 재빠른 동작
2	1	12	1	17	가을 바람에 떨어지는 낙엽
3	2	13	3	18	세상 일의 온갖 고난을 겪은 경험
4	5	14	4	19	가르치고 배우면서 더불어 성장함
5	2	15	3	20	일이 끝났으므로 아무 소용 없음
6	3			21	누구나 마음속으로만 애태울 것이 아니라 말을 해야 함
7	3			22	아무도 안 듣는 데에서도 말은 조심해야 함
8	5			23	말과 행동이 특출나거나 거슬리면 미움을 받음
9	1			24	아직 어른이 되려면 한참 멀었음
10	5			25	다가올 결과를 생각해가며 미리 살피고 일들을 처리함

9일 정답

1	5	11	4	16	태어나고, 죽고, 괴롭고, 즐기는 일
2	3	12	3	17	마음이 공정하고 명백하여 조금도 사사로움이 없이 바름
3	2	13	4	18	먼 앞날을 미리 내다보고 세우는 크고 중요한 계획
4	1	14	4	19	아주 짧은 시간이나 매우 재빠른 동작
5	1	15	1	20	우리 몸과 우리가 태어난 땅은 떨어질 수 없음
6	5			21	먹고 살기 위해서 안해야 될 짓까지 할 수밖에 없음
7	4			22	도둑질이 가장 나쁨
8	3			23	믿고 있던 사람에게 배신을 당해 오히려 해를 입음
9	2			24	눈치 없이 쓸데없는 일에 참견함
10	4			25	좋은 분위기에 끼어들어 분위기를 망침

광장 어휘왕 정답

10일 정답

1	2	11	3	16	사람이 살고 죽는 것은 하늘에 달려 있음
2	3	12	1	17	여러 가지로 일이 많고, 어려움도 많음
3	4	13	2	18	한 입으로 두 말을 함
4	4	14	4	19	태어나고, 죽고, 괴롭고, 즐기는 일
5	2	15	2	20	장점도 있고 단점도 있음
6	1			21	사람의 욕심은 끝이 없음
7	4			22	해줄 사람은 생각도 없는데, 이미 다 된 것처럼 미리부터 기대함
8	1			23	되면 좋고, 안 되도 크게 안타까울 것이 없는 거래를 함
9	3			24	다가올 결과를 생각해가며 미리 살피고 일들을 처리함
10	5			25	요금이나 물건 값을 실제 값보다 비싸게 지불함

11일 정답

1	5	11	2	16	스스로의 힘으로 어엿하게 한 살림을 이루어 냄
2	2	12	4	17	세상 일의 온갖 고난을 겪은 경험
3	5	13	1	18	밤,낮으로 쉬지 않음
4	1	14	5	19	장점도 있고 단점도 있음
5	5	15	3	20	마음 먹은지 3일을 못감
6	3			21	무식한 사람도 유식한 사람과 같이 있으면 유식해짐
7	4			22	말과 행동이 특출나거나 거슬리면 미움을 받음
8	5			23	의지할 데가 있어야 무슨 일이든 할 수 있음
9	2			24	좋은 분위기에 끼어들어 분위기를 망침
10	1			25	부끄러운 일을 당하여 남을 대할 면목이 없음

12일 정답

1	4	11	2	16	본 것과 들은 것이 서로 같음
2	4	12	1	17	먼 앞날을 미리 내다보고 세우는 크고
3	3	13	4	18	이제야 처음 듣는 말
4	1	14	2	19	스스로의 힘으로 어엿하게 한 살림을 이루어 냄
5	2	15	5	20	고통과 즐거움을 서로 같이 보냄
6	4			21	겉보기에는 조신해 보여도 그 속은 엉큼한 경우가 많음
7	5			22	믿고 있던 사람에게 배신을 당해 오히려 해를 입음
8	3			23	꾸준히 지속적으로 노력하면 결국 얻거나 이룸
9	4			24	요금이나 물건 값을 실제 값보다 비싸게 지불함
10	1			25	무섭거나 놀라서 날카롭게 신경이 예민해짐

광장 어휘왕 정답

13일 정답

1	5	11	5	16	좋은 물건을 보면 갖고 싶은 마음이 생김
2	2	12	1	17	한 입으로 두 말을 함
3	5	13	2	18	융통성 없고 어리석은 사람
4	2	14	3	19	본 것과 들은 것이 서로 같음
5	1	15	2	20	오랜 세월이 지나도 변하지 않음
6	3			21	남에게 악한 일을 하면 그 죄를 받을 때가 반드시 옴
7	4			22	되면 좋고, 안 되도 크게 안타까울 것이 없는 거래를 함
8	5			23	몹시 인색하고 욕심이 많음
9	3			24	부끄러운 일을 당하여 남을 대할 면목이 없음
10	2			25	매우 짧은 순간

14일 정답

1	4	11	1	16	산과 바다에서 나오는 귀한 재료로 만든 음식
2	3	12	4	17	마음 먹은지 3일을 못감
3	4	13	4	18	자신이 한 말이나 행동으로 곤경에 처함
4	3	14	4	19	우리 몸과 우리가 태어난 땅은 떨어질 수 없음
5	1	15	1	20	책상에 앉아 여럿이 의논만 함
6	5			21	몹시 고생하는 삶도 운수 좋은 날이 이를 수 있음
7	5			22	의지할 데가 있어야 무슨 일이든 할 수 있음
8	5			23	본래의 천성이 좋지 않은 사람은 어디 가든지 똑같음
9	3			24	무섭거나 놀라서 날카롭게 신경이 예민해짐
10	4			25	매우 지긋지긋함을 비유하는 말

15일 정답

1	3	11	4	16	달면 삼키고, 쓰면 뱉음
2	5	12	3	17	고통과 즐거움을 서로 같이 보냄
3	2	13	5	18	서로 자신의 주장을 내세우며 상대편의 주장을 반박함
4	4	14	2	19	장점도 있고 단점도 있음
5	1	15	2	20	모든 일이 뜻대로 잘 되어감
6	2			21	아무리 큰 일이라도 처음에는 작은 일부터 시작됨
7	4			22	꾸준히 지속적으로 노력하면 결국 얻거나 이룸
8	2			23	모든 일은 원인에 따라 결과가 생김
9	5			24	매우 짧은 순간
10	1			25	여러 사람이 같은 의견을 말함

광장 어휘왕 정답

16일 정답

1	2	11	2	16	네 갈래, 다섯 갈래로 나누어지고 찢어짐
2	3	12	3	17	밤,낮으로 쉬지 않음
3	2	13	3	18	이제까지 들어보지 못했음
4	1	14	3	19	좋은 물건을 보면 갖고 싶은 마음이 생김
5	3	15	2	20	몹시 두려워 벌벌 떨며 조심함
6	3			21	무엇을 잘못해 놓고도 책임을 피하려는 사람을 가리킴
7	2			22	몹시 인색하고 욕심이 많음
8	3			23	어떤 일을 하려는데 생각지도 못한 일이 생김
9	4			24	매우 지긋지긋함을 비유하는 말
10	1			25	큰 기쁨이나 슬픔, 그리고 감격으로 마음 속이 꽉 참

17일 정답

1	2	11	1	16	시기가 늦어 안타까움에 탄식함
2	1	12	4	17	산과 바다에서 나오는 귀한 재료로 만든 음식
3	4	13	5	18	어진 임금이 다스리는 평안한 세상이나 시대
4	1	14	3	19	달면 삼키고, 쓰면 뱉음
5	3	15	1	20	물결처럼 계속 각가지 사연과 변화가 심함
6	1			21	남에게 말이나 행동을 좋게 해야 남도 나에게 좋게 함
7	2			22	본래의 천성이 좋지 않은 사람은 어디 가든지 똑같음
8	3			23	남의 것이 내 것보다 더 좋아보이고, 내 일보다 더 쉬워보임
9	4			24	여러 사람이 같은 의견을 말함
10	1			25	마음 속에 고통과 슬픔이 크게 맺혀 있음

18일 정답

1	4	11	4	16	개와 원숭이 사이의 관계, 서로 관계가 아주 나쁨
2	5	12	1	17	자신이 한 말이나 행동으로 곤경에 처함
3	2	13	4	18	다른 의견 없이 모든 사람의 의견이 같음
4	3	14	5	19	이제까지 들어보지 못했음
5	1	15	4	20	서로 옳고 그름을 따지며 다툼
6	1			21	같은 내용이라도 이렇게 말할 때 다르고, 저렇게 말할 때 다름
7	4			22	모든 일은 원인에 따라 결과가 생김
8	3			23	변변치 못한 집안에서 훌륭한 인물이 나옴
9	4			24	큰 기쁨이나 슬픔, 그리고 감격으로 마음 속이 꽉 참
10	1			25	어떤 일이나 분위기, 상황, 생각 등을 맞게 바로 잡음

광장 어휘왕 정답

19일 정답

1	3	11	4	16	들어갈수록 점점 더 아름다워짐
2	5	12	3	17	몹시 두려워 벌벌 떨며 조심함
3	2	13	1	18	모든 것은 차이가 있고 구별이 있음
4	1	14	2	19	물결처럼 계속 각가지 사연과 변화가 심함
5	3	15	5	20	좋은 일 뒤에 나쁜 일이 따름
6	2			21	자기와 상관없는 일에 간섭하고 참견함
7	5			22	어떤 일을 하려는데 생각지도 못한 일이 생김
8	1			23	전혀 생각하지 못한 상황에서 어려움을 당함
9	3			24	마음 속에 고통과 슬픔이 크게 맺혀 있음
10	4			25	물건이나 상품 등이 빠르게 팔려 나감

20일 정답

1	4	11	1	16	자기가 저지른 일은 자기가 해결해야 함
2	3	12	5	17	어진 임금이 다스리는 평안한 세상이나 시대
3	1	13	5	18	세상에 이름이 널리 알려진 데는 마땅한 이유가 있음
4	2	14	3	19	서로 옳고 그름을 따지며 다툼
5	1	15	3	20	짧은 기간 싸워 전쟁에 승리함
6	5			21	늘 말하며 바라던 것이 현실이 됨
7	4			22	남의 것이 내 것보다 더 좋아보이고, 내 일보다 더 쉬워보임
8	5			23	여러 사람이 자기 주장만 내세우면 일을 제대로 할 수 없음
9	3			24	어떤 일이나 분위기, 상황, 생각 등을 맞게 바로 잡음
10	2			25	사람은 많은데 나눌 물건이 턱없이 부족함

광장어휘북 제 1권

초판 1쇄 발행 2024년 7월 10일

지은이 김광복

펴낸곳 광장교육
등록번호 제 2024-000030호
주소 세종특별자시치 소담1로 12 지엘플렉스 1 504호
전화 010-8234-0691
이메일 kgb2487@hanmail.net

편집디자인 이서윤
ISBN 979-11-953785-1-7